建筑施工特种作业人员安全技术培训教材

物料提升机司机

建筑施工特种作业人员
安全技术培训教材编审委员会　　组织编写
重庆市建设工程安全管理协会　　主　　　　编

中国建筑工业出版社

图书在版编目（CIP）数据

物料提升机司机／建筑施工特种作业人员安全技术培训教材编审
委员会组织编写 . — 北京：中国建筑工业出版社，2018.12（2025.3 重印）
建筑施工特种作业人员安全技术培训教材
ISBN 978-7-112-22712-9

Ⅰ. ①物⋯　Ⅱ. ①建⋯　Ⅲ. ①建筑材料-提升机-安全培训-
教材　Ⅳ. ① TH241.08

中国版本图书馆 CIP 数据核字（2018）第 215305 号

　　本书依据《关于建筑施工特种作业人员考核工作的实施意见》（建办质
[2008]41 号）中物料提升机司机安全技术考核大纲的要求编写，内容共分
为两大部分：安全生产基础知识；安全操作技能。

　　本书可作为物料提升机司机培训、继续教育、自学、考核使用，也可
供相关专业大中专院校师生学习使用。

责任编辑：张　磊　范业庶　王华月
责任校对：李美娜

建筑施工特种作业人员安全技术培训教材
物料提升机司机
建筑施工特种作业人员安全技术培训教材编审委员会　组织编写
重庆市建设工程安全管理协会　主编

*

中国建筑工业出版社出版、发行（北京海淀三里河路9号）
各地新华书店、建筑书店经销
北京建筑工业印刷厂制版
建工社（河北）印刷有限公司印刷

*

开本：850×1168毫米　1/32　印张：7¼　字数：187千字
2019年2月第一版　2025年3月第三次印刷
定价：**30.00元**
ISBN 978-7-112-22712-9
（44324）

建筑施工特种作业人员安全技术培训教材
编审委员会

主　　　任：胡永旭　张鲁风

副　主　任：邵长利　范业庶

编委会成员：（按姓氏笔画排序）

3

本书编委会

主　　编：宋　渝　李昇平

副 主 编：余　斌　王　强　袁　明

编写人员：（按姓氏笔画排序）

　　　　　王　强　王简弘　李昇平　李媛媛　吕　楠
　　　　　向伦镜　余　斌　宋　渝　杨　毅　周智颖
　　　　　胡顺才　袁　明　潘　云

序　言

中共中央、国务院 2016 年 12 月 9 日颁发的《关于推进安全生产领域改革发展的意见》中明确指出，"安全生产是关系人民群众生命财产安全的大事，是经济社会协调健康发展的标志，是党和政府对人民利益高度负责的要求。"

建筑业是我国国民经济的重要支柱产业。改革开放以来，我国建筑业快速发展，建造能力不断增强，产业规模不断扩大，吸纳了大量农村转移劳动力，带动了大量关联产业，对经济社会发展、城乡建设和民生改善作出了重要贡献。建筑安全生产管理工作也取得了很大成绩。从总体上看，全国建筑安全生产形势呈不断好转之势，但受施工环境和作业特点等所限，特别是超高层、大体量的建设工程逐年递增，施工现场不安全因素较多，建筑安全生产形势依然非常严峻。建筑业仍属事故多发的高危行业之一，每年发生的事故起数和死亡人数有着较大波动性。因此，建筑安全生产是建筑业和工程建设发展的永恒主题，必须以习近平新时代中国特色社会主义思想为指引，牢固树立以人为本、安全发展的理念，坚持"安全第一、预防为主、综合治理"方针，坚持速度、质量、效益与安全的有机统一，强化和落实建筑业企业主体责任，防范和遏制重特大事故，防止和减少违章指挥、违规作业、违反劳动纪律行为，促进建设工程安全生产形势持续稳定好转。

建筑施工特种作业，是指在建筑施工活动中容易发生事故，对操作者本人、他人的安全健康及设备、设施的安全可能造成重大危害的作业。直接从事建筑施工特种作业的人员，称为建筑施工特种作业人员。因此，抓好建筑施工特种作业人员的专业培训教育，实行持证上岗，对于保障建筑施工安全生产具有极为重要的意义。

本系列教材的编写依据主要是《建筑施工特种作业人员管理规定》（建质 [2008]75 号）、《关于建筑施工特种作业人员考核工作的实施意见》（建办质 [2008]41 号）。根据建筑施工特种作业人员的分类和《建筑施工特种作业人员安全技术考核大纲》（试行）所规定的考核知识点，本系列教材共编为 12 本。其中，《特种作业安全生产基本知识》是综合性教材，适用于所有的建筑施工特种作业人员;其余 11 本为专业性用书，分别适用于建筑电工、普通脚手架架子工、附着升降脚手架架子工、建筑起重司索信号工、塔式起重机司机、施工升降机司机、物料提升机司机、塔式起重机安装拆卸工、施工升降机安装拆卸工、物料提升机安装拆卸工、高处作业吊篮安装拆卸工。

本系列教材的编写工作，得到了黑龙江省建筑安全监督管理总站、河南省建筑安全监督总站、湖北省建设工程质量安全协会、浙江省建筑业行业协会施工安全与设备管理分会、山东省建筑安全与设备管理协会、湖南省建设工程质量安全协会、重庆市建设工程安全管理协会、江苏省建筑行业协会建筑安全设备管理分会、广东省建筑安全协会、安徽省建设行业质量与安全协会、江苏省高空机械吊篮协会和高空机械工程技术研究院以及有关方面专家们的大力支持，分别承担和完成了本系列教材的各书编写工作。特此一并致谢！

本系列教材主要用于建筑施工特种作业人员的业务培训和指导参加考核，也可作为专业院校和有关培训机构作为建筑施工安全教学用书。本书虽经反复推敲，仍难免有不妥之处，敬请广大读者提出宝贵意见。

建筑施工特种作业人员安全技术培训教材编审委员会

2018 年 12 月

前　　言

建筑施工是高危行业之一，从事建筑施工的作业人员特别是电工、焊工、起重工、架子工等特种作业人员，其安全生产管理历来受政府高度重视。所谓建筑施工特种作业人员，是指在房屋建筑和市政工程施工活动中，从事可能对本人、他人及周围设备设施的安全造成重大危害作业的人员。《建设工程安全生产管理条例》第二十五条规定："垂直运输机械作业人员、安装拆卸工、爆破作业人员、起重信号工、登高架设作业人员等特种作业人员，必须按照国家有关规定经过专门的安全作业培训，并取得特种作业操作资格证书后，方可上岗作业"；《安全生产许可证条例》第六条规定："特种作业人员经有关业务主管部门考核合格，取得特种作业操作资格证书"。

为加强对建筑施工特种作业人员的管理，防止和减少生产安全事故，住房和城乡建设部先后发布实行了《建筑施工特种作业人员管理规定》（建质 [2008]75 号）和《关于建筑施工特种作业人员考核工作的实施意见》（建办质 [2008]41 号）等法规文件，有效规范了特种作业人员的安全行为。

本套教材针对建筑施工特种作业人员各工种的安全技术考核培训，紧扣考核大纲和技能操作考核标准，具有科学性、实用性和适用性的特点，内容深入浅出，通俗易懂，图文并茂。

本教材由重庆市建设工程安全管理协会和重庆新科建设工程有限公司共同组织编写。本套教材编写过程中，还得到了地方建设主管部门、相关高等院校、培训单位和企业的专家、学者的积极参与编写人员都是具有多年从事建筑特种作业人员培训的授课老师,使教材真正达到"少而精"、"实用、管用"。

由于编写时间关系,难免有错误和不足之处,欢迎广大的读者批评指正。

2018 年 7 月

目　　录

1 力学基本知识

1.1 基本概念

（1）力的概念

力是物体之间的相互作用（一般用符号 F 表示力），施加力的物体叫作施力物体，受到力的物体叫作受力物体，力是不能摆脱物体而独立存在的。任何两个物体之间的力的作用总是相互的，施力物体同时也是受力物体，受力物体同时也是施力物体。由于单独一个物体不能产生力，所以施力物体与受力物体一定同时存在、同时消失。例如手拍桌面时，手拍打桌面的力的施力物体是手，受力物体是桌面；由于力的作用是相互的，所以桌面对手也有力的作用，其施力物体是桌面，受力物体是手。两物体是否有力的作用跟两物体是否接触无关，相互接触的物体之间可能没有力的作用，相互不接触的物体之间可能发生力的作用（重力、电场力、磁力等）。

力可以使物体发生形变。例如弹簧在压力的作用下缩短了，在拉力的作用下伸长了。力可以改变物体的运动状态。力既能改变物体的运动快慢，也能改变物体的运动方向。一个物体只要发生形变或运动状态的改变，那么这个物体一定受到力的作用；而一个物体若受到力的作用，那么这个物体可能形状发生改变，也可能运动状态发生改变，还可能两者都发生改变。

（2）力的三要素

在力学中，把"力的大小、方向和作用点"称为力的三个要素。力的大小表明物体间作用力的强弱程度；力的方向表明在该力的作用下，静止的物体开始运动的方向，作用力的方向不同，物体运动的方向也不同；力的作用点是物体上直接受力作用的点。

如图 1-1 所示，用手拉伸弹簧，用的力越大，弹簧拉得越长，这表明力产生的效果跟力的大小有关系；用同样大小的力拉弹簧和压弹簧，拉的时候弹簧伸长、压的时候弹簧缩短，说明力的作用效果跟力的作用方向有关系。如图 1-2 所示，用扳手拧螺母，手握在扳手手柄的 A 点比 B 点省力，所以力的作用效果与力的方向和力的作用点有关。三要素中任何一个要素改变，都会使力的作用效果改变。

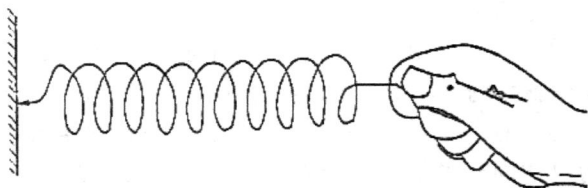

图 1-1　手拉弹簧

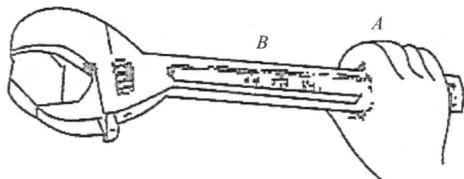

图 1-2　用扳手拧螺母

（3）力的单位

在国际计量单位制中，力的单位用牛顿或千牛顿，简写为牛（N）或千牛（kN）。工程上曾习惯采用公斤力、千克力（kgf）和吨力（tf）来表示。它们之间的换算关系为：

1 牛顿（N）=0.102 公斤力（kgf）

1 吨力（tf）=1000 公斤力（kgf）

1 千克力（kgf）=1 公斤力（kgf）= 9.807 牛（N）≈ 10 牛（N）

（4）力的合成与分解

力是矢量，力的合成与分解都遵从平行四边形法则，如图1-3所示。平行四边形实质上是一种等效替换的方法。一个矢量（合矢量）的作用效果和另外几个矢量（分矢量）共同作用的效果相同，就可以用这一个矢量代替那几个矢量，也可以用那几个矢量代替这一个矢量，而不改变原来的作用效果。

在分析同一个问题时，合矢量和分矢量不能同时使用。也就是说，在分析问题时，考虑了合矢量就不能再考虑分矢量；考虑了分矢量就不能再考虑合矢量。

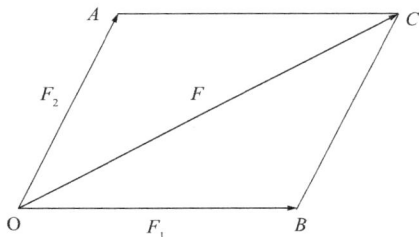

图1-3　平行四边形法则

（5）力的平衡

作用在物体上几个力的合力为零，这种情形叫作力的平衡。水平桌面上的物体，受到地球对它的重力和桌面对它的支持力处于静止状态；在水平公路上行驶的汽车，在运动方向受到了牵引力和摩擦力的作用而处于匀速直线运动状态。物体在两个或多个力作用下，能够保持静止或匀速直线运动状态，这就是物体处于平衡状态，这两个力互为平衡力。

在起重吊装作业中，因力的不平衡可能造成被吊运物体的翻转、失控、倾覆，只有被吊运物体上的力保持平衡，才能保证物处于静止或匀速运动状态，才能保持被吊物体稳定。

（6）重力

物体由于地球吸引而受到的力叫作重力，用符号 G 表示，重力的施力物体是地球，受力物体是物体本身。重力的方向总是竖直向下（重锤线所指示的方向称为竖直方向）。地面上同一点处物体受到重力的大小跟物体的质量成正比，用关系式 $G=mg$ 表示。通常在地球表面附近，g 值约为 9.8N/kg，表示质量是 1kg 的物体受到的重力是 9.8N。在要求不太精确的情况下，可以取 $g=10N/kg$。

（7）重心

物体所受重力的作用点叫作重心，重心是重力的等效作用点。物体的重心位置由物本的几何形状和物体各部分的质量分布情况来决定。质量分布均匀、形状规则的物体的重心在其几何中点，如均匀细棒的重心在它的中点，球的重心在球心，方形薄木板的重心在两条对角线的交点。但是重心的位置不一定在物体之上，例如圆环的重心在其中心，背越式跳高的运动员在最高点时的重心也在其身外。

1）物体的形状改变，其重心位置可能不变。如一个质量分布均匀的立方体，其重心位于几何中心。当该立方体变为一长方体后，其重心仍然在其几何中心；但当一杯水倒入一个弯曲的玻璃管中，其重心就发生了变化。

2）物体的重心相对物体的位置是一定的，它不会随物体放置的位置改变而改变。

（8）重心的确定

1）材质均匀、形状规则的物体的重心位置容易确定，如均匀的直棒，它的重心在它的中心点上，均匀球体的重心就是它的球心，直圆柱的重心在它的圆柱轴线的中点上。

2）对形状复杂的物体，可以用悬挂法求出它们的重心。如图 1-4 所示，方法是在物体上任意找一点 A，用绳子把它悬挂起来，物体的重力与绳子的拉力必定在同一条直线上，也就是重心必定在通过 A 点所作的竖直线 AD 上；再取任一点 B 同样把物体悬挂起来，重心必定在通过 B 点的竖直线 BE。这两条直线的交点，就是该物体的重心。

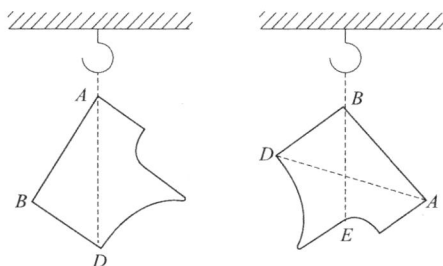

图 1-4　悬挂法求形状不规则物体的重心

（9）质量

物体所含物质的多少叫作物体的质量（m）。在国际单位制中，质量的基本单位是千克（kg），常用的质量单位还有吨（t）、克（g）和毫克（mg）等，它们之间存在着换算关系：1 吨（t）=1000 千克（kg），1 千克（kg）=1000 克（g），1 克（g）=1000 毫克（mg）。质量是物体的一种属性，它不随物体的形状、状态、温度或位置而改变。

（10）密度

同种物质的质量与体积的比值都相等，不同物质的质量与体积的比值不相等，这个比值反映了物质的一种特性。物理学中，把某种物质单位体积的质量叫作这种物质的密度（ρ）。在国际单位制中，密度的单位是 kg/m^3，读作"千克每立方米"，密度的常用单位还有 g/cm^3（克每立方厘米），它们之间存在着换算关系：1 kg/m^3=1×10^{3}g/cm^3。

1.2　吊点位置的选择

在起重作业中，应当根据被吊物体来选择吊点位置，吊点位置选择不当就会造成绳索受力不均，甚至发生被吊物体转动、倾翻等危险。吊点位置的选择，一般按下列原则进行：

（1）吊运各种设备、构件时要用原设计的吊耳或吊环。

（2）吊运各种设备、构件，如果没有吊耳或吊环，可在设备四个端点上捆绑吊索，然后根据设备具体情况，选择吊点，吊点需与重心在同一条垂线上。但有些设备未设吊耳或吊环，如各种罐类以及重要设备，但往往有吊点标记，应仔细检查。

（3）吊运方形物体时，四根绳应拴在物体的四边对称点上。

（4）吊装细长物体时，如桩、钢筋、钢柱、钢梁等杆件，应按计算确定的吊点位置绑扎绳索，吊点位置的确定有以下几种情况：

1）一个吊点：起吊点位置应设在距起吊端 $0.3L$（L 为物体的长度）处。如钢管长度为 10m，则捆绑位置应设在钢管起吊端距端部 $10×0.3=3m$ 处，如图 1-5（a）所示。

2）两个吊点：如起吊用两个吊点，则两个吊点应分距物体两端 $0.21L$ 处。如物体长度为 10m，则吊点位置为 $10×0.21=2.1m$，如图 1-5（b）所示。

3）三个吊点：如物体较长，为减少起吊时物体所产生的应力，可采用三个吊点。三个吊点位置确定的方法是，首先用 $0.13L$ 确定出两端的两个吊点位置，然后把两吊点间的距离等分，即得第三个吊点的位置，也就是中间吊点的位置。如物体长 10m，则两端吊点位置为 $10×0.13=1.3m$，如图 1-5（c）所示。

4）四个吊点：选择四个吊点，首先用 $0.095L$ 确定出两端的两个吊点位置，然后再把两吊点间的距离进行三等分，即得中间两吊点位置。如物体长 10m，则两端吊点位置分别距两端 $10×0.095=0.95m$，中间两吊点位置分别距相邻端的距离为 $10×0.95+10×（1-0.095×2）/3$，如图 1-5（d）所示。

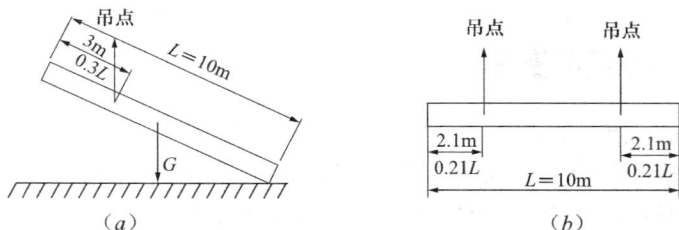

图 1-5 吊点位置选择示意图（一）

（a）单个吊点；（b）两个吊点；

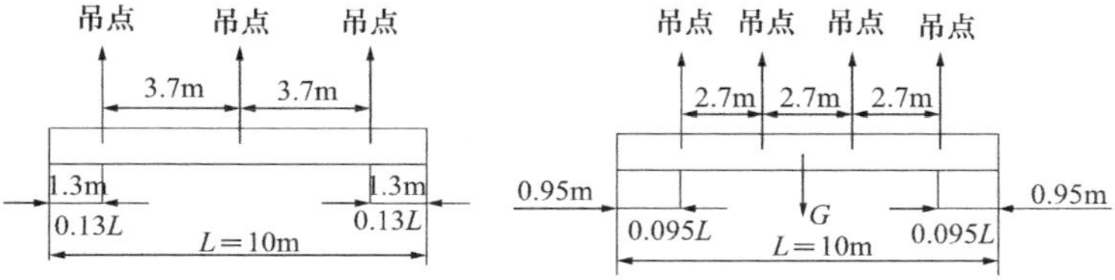

图 1-5 吊点位置选择示意图（二）

（c）三个吊点；（d）四个吊点

1.3 物体重量的计算

质量表示物体所含物质的多少，是由物体的体积和材料密度决定的；重量是表示物体所受地球引力的大小，是由物体的体积和材料的重度所决定的。为了正确的计算物体的重量，必须掌握物体体积的计算方法和各种材料密度等有关知识。

（1）长度的量度

工程上常用的长度基本单位是毫米（mm）、厘米（cm）和米（m）。它们之间的换算关系是：1m=100cm=1000mm

（2）面积的计算

物体体积的大小与它本身截面积的大小成正比。各种规则几何图形的面积计算公式见表 1-1。

平面几何图形面积计算公式表　　　　　　　表 1-1

名称	图形	面积计算公式
正方形	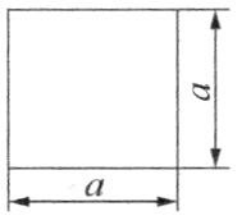	$S=a^2$
长方形	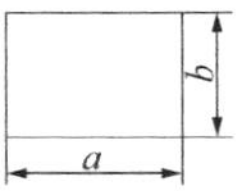	$S=ab$

名称	图形	面积计算公式
平行四边形		$S=ah$
三角形		$S=0.5ah$
梯形		$S=(a+b)h/2$
圆形		$S=\dfrac{\pi d^2}{4}=\pi R^2$ 式中 d——圆直径; R——圆半径
圆环形		$V=\dfrac{\pi}{4}(D^2-d^2)=\pi(R^2-r^2)$ 式中 r、R——内、外半径
扇形		$S=\dfrac{\pi R^2\alpha}{360}$ 式中 α——圆心角 (°)

（3）物体体积的计算

对于简单规则的几何形体的体积，可按表 1-2 中的计算公式计算。对于复杂的物体体积，可将其分解成数个规则的或近似的几何形体，求其体积的总和。

各种几何形体体积计算公式表   表 1-2

名称	图形	面积计算公式
立方体		$V=a^3$
长方体		$V=abc$
圆柱体		$V=\dfrac{\pi d^2 h}{4}=\pi R^2 h$ 式中 R——半径
空心圆柱体		$V=\dfrac{\pi}{4}(D^2-d^2)h=\pi(R^2-r^2)h$ 式中 r、R——内、外半径
斜截 正圆柱体		$V=\dfrac{\pi}{4}d^2\dfrac{(h_1+h)}{2}=\pi R^2\dfrac{(h_1+h)}{2}$ 式中 R——半径
球体		$V=\dfrac{4}{3}\pi R^3=\dfrac{1}{6}\pi R d^3$ 式中 R——底圆半径； d——底圆直径

名称	图形	面积计算公式
圆锥体		$V=\dfrac{1}{12}\pi d^2h=\dfrac{\pi}{3}R^2h$ 式中 R——底圆半径; d——底圆直径
截头方锥体		$V=\dfrac{h}{6}\left[(2a+a_1)b+(2a_1+a)b_1\right]$ a、a_1——上下边长 b、b_1——上下边宽 h——高
正六角棱柱体		$V=\dfrac{3\sqrt{3}}{2}b^2h$ $V=2.598b^2h=2.6h^2h$ 式中 b——底边长

（4）物体重量（质量）的计算

在物理学中，把某种物质单位体积的质量叫作这种物质的密度，其单位是 kg/m^3。各种常用物质的密度见表 1-3。

各种常用物质的密度表 表 1-3

物体材料	密度（$\times10^3kg/m^3$）	物体材料	密度（$\times10^3kg/m^3$）
水	1.0	混凝土	2.4
钢	7.85	碎石	1.6
铸铁	7.2～7.5	水泥	0.9～1.6
铸铜、镍	8.6～8.9	砖	1.4～2.0
铝	2.7	煤	0.6～0.8

物体材料	密度（×10³kg/m³）	物体材料	密度（×10³kg/m³）
铅	11.34	焦炭	0.35～0.53
铁矿	1.5～2.5	石灰石	1.2～1.5
木材	0.5～0.7	造型砂	0.8～1.3

物体的质量可根据下式计算：

物体的质量＝物体的密度 × 物体的体积，见式（1-1）：

$$m = \rho \cdot V \qquad (1\text{-}1)$$

式中　m——物体的质量（kg）；

　　　ρ——物体的材料密度（kg/m³）；

　　　V——物体的体积（m³）。

物体的重量见式（1-2）：

$$G = m \cdot g \qquad (1\text{-}2)$$

式中　g——质量为1kg的物体所受到的重力。

【例1-1】　起重机的料斗如图1-6所示，它的上口长为1.2m，宽为1m，下底面长0.8m，宽为0.5m，高为1.5m，试计算满斗混凝土的重量，$g = 9.8\ \text{N/kg}$。

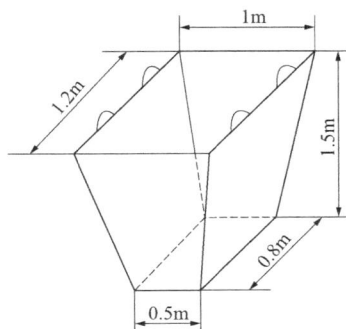

图1-6　起重机的料斗

【解】查表 1-3 得知混凝土的密度:
$$\rho = 2.4 \times 10^{3} \, kg/m^{3}$$
料斗的体积:

$$V = \frac{h}{6} \left[(2a + a_{1})b + (2a_{1} + a)b_{1} \right]$$
$$V = \frac{1.5}{6} \left[(2 \times 1.2 + 0.8) \times 1 + (2 \times 0.8 + 1.2) \times 0.5 \right] = 1.15 m^{3}$$

混凝土的质量: $m = \rho \cdot V = 2.4 \times 10^{3} \times 1.15 = 2.76 \times 10^{3} m^{3}$
混凝土的重量: $G = m \cdot g = 2.76 \times 10^{3} \times 9.8 N = 27.048 kN$

2 电工基本知识

2.1 基本概念

2.1.1 电量

自然界中的一切物质都是由分子组成的，分子又是由原子组成的，而原子是由带正电荷的原子核和一定数量带负电荷的电子组成的。在通常情况下，原子核所带的正电荷数等于核外电子所带的负电荷数，原子对外不显电性。但是，用一些办法，可使某种物体上的电子转移到另外一种物体上。

失去电子的物体带正电荷，得到电子的物体带负电荷。物体失去或得到的电子数量越多，则物体所带的正、负电荷的数量也越多。

物体所带电荷数量的多少用电量来表示。电量是一个物理量，它的单位是库仑，用字母 C 表示。1C 的电量相当于物体失去或得到 6.25×10^{18} 个电子所带的电量。

2.1.2 电流

电荷的定向移动形成电流。电流有大小，有方向。电学中用电流强度来衡量电流的大小。电流强度就是 1s 通过导体截面的电量。电流强度用字母 I 表示，计算公式如下：

$$I = \frac{Q}{t}$$

式中　I——电流强度，单位安培（A）；

Q——在 t 秒时间内，通过导体截面的电荷数量，单位库仑（C）；

t——时间，单位秒（s）。

实际使用时，常把电流强度简称为电流。电流的单位是安培，简称安，用字母 A 表示。如果 1s 内通过导体截面的电量为 1C，则该电流的电流强度为 1A，习惯简称电流为 1A。实际应用中，除单位安培外，还有千安（kA）、毫安（mA）和微安（μA）。它们之间的关系为：

$$1kA=10^3A$$

$$1A=10^3mA$$

$$1mA=10^3\mu A$$

测量电流强度的仪表叫电流表，又称安培表，分直流电流表和交流电流表两类。测量时必须将电流表串联在被测的电路中。每一个安培表都有一定的测量范围，所以在使用安培表时，应该先估算一下电流的大小，选择量程合适的电流表。

2.1.3　电压

电路中要有电流，必须要有电位差，有了电位差电流才能从电路中的高电位点流向低电位点。电压是指电路中任意两点之间的电位差。电压用字母 U 表示，基本单位是伏特，简称伏，用字母 V 表示，常用的单位还有千伏（kV）、毫伏（mV）等，换算关系为：

$$1kV=10^3V$$

$$1V=10^3mV$$

电压与电流相似，不但有大小，而且有方向。对于负载来说，电流流入端为正端，电流流出端为负端。电压的方向是由正端指向负端，也就是说负载中电压实际方向与电流方向一致。在电路图中，用带箭头的细实线表示电压的方向。

测量电压大小的仪表叫电压表，又称伏特表，分直流电压表和交流电压表两类。测量时，必须将电压表并联在被测量电路中，每个伏特表都有一定的测量范围（即量程）。使用时，必须注意所测的电压不得超过伏特表的量程。

电压按等级划分为高压、低压与安全电压。

高压：指电气设备对地电压在 250V 以上；

低压：指电气设备对地电压为 250V 以下；

安全电压有五个等级：42V、36V、24V、12V、6V。

2.1.4　电动势、电源

电动势是衡量电源能量转换本领的物理量，用字母 E 表示，它的单位也是伏特，简称伏，用字母 V 表示。电源的电动势只存在于电源内部。人们规定电动势的方向在电源内部由负极指向正极。在电路中也用带箭头的细实线表示电动势的方向。当电源两端不接负载时，电源的开路电压等于电源的电动势，但二者方向相反。

生活中用测量电源端电压的办法，来判断电源的状态。比如测得工作电路中两节 5 号电池的端电压为 2.8V，则说明电池电量比较充足。

2.1.5　电阻

一般来说，导体对电流的阻碍作用称为电阻，用字母 R 表示。电阻的单位为欧姆，简称欧，用字母 Ω 表示。

如果导体两端的电压为 1V，通过的电流为 1A，则该导体的电阻就是 1Ω。

常用的电阻单位还有千欧（kΩ）、兆欧（MΩ）。它们之间的关系为：

$$1k\Omega = 10^3\Omega$$
$$1M\Omega = 10^3k\Omega$$

应当强调指出：电阻是导体中客观存在的，它与导体两端电压变化情况无关，即使没有电压，导体中仍然有电阻存在。实验证明，当温度一定时，导体电阻只与材料及导体的几何尺寸有关。对于二根材质均匀、长度为 L、截面积为 S 的导体而言，其电阻大小可用式（2-1）表示：

$$R = \rho \frac{L}{S}$$

(2-1)

式中　R——导体电阻，单位为欧（Ω）；

　　　L——导体长度，单位为米（m）；

　　　S——导体截面积，单位为平方毫米（mm^2）；

　　　ρ——电阻率，单位为欧·米（Ω·m）。

　　式中电阻率是与材料性质有关的物理量。电阻率的大小等于长度为 1m，截面积为 1mm^2 的导体在一定温度下的电阻值，其单位为欧米（Ω·m）。例如，铜的电阻率为 1.7×10^{-8} Ω·m，就是指长为 1m，截面积为 1mm^2 的铜线的电阻是 1.7×10^{-8} Ω。几种常用材料在 20℃时的电阻率见表 2-1。

　　从表中可知，铜和铝的电阻率较小，是应用极为广泛的导电材料。以前，由于我国铝的矿藏量丰富，价格低廉，常用铝线作输电线。由于铜线有更好的电气特性，如强度高、电阻率小，现在铜制线材被更广泛应用。电动机、变压器的绕组一般都用铜材。

几种常用材料在 20℃时的电阻率　　　　　　表 2-1

材料名称	电阻率（Ω·m）
银	1.6×10^{-8}
铜	1.7×10^{-8}
铝	2.9×10^{-8}
钨	5.3×10^{-8}
铁	1.0×10^{-7}
康铜	5.0×10^{-7}
锰铜	4.4×10^{-7}
铝铬铁电阻丝	1.2×10^{-6}

2.1.6 电能、电功率

电流通过用电器时，用电器就将电能转换成其他形式的能，如热能、光能和机械能等。我们把电能转换成其他形式的能叫作电流做功，简称电能，用字母 W 表示。电流通过用电器所做的功与用电器的端电压、流过的电流、所用的时间和电阻有以下的关系，如式（2-2）所示。电能的单位是千瓦时（kW·h），简称度，1 度 =1kW·h。

$$
\left.\begin{array}{l}
W = UIt \\
W = I^2 Rt \\
W = \dfrac{U^2}{R}t
\end{array}\right\} \tag{2-2}
$$

如果公式（2-2）中，电压单位为 V，电流单位为 A，电阻单位为 Ω，时间单位为 s，则电功单位就是焦耳，简称焦，用字母 J 表示。

电流在单位时间内通过用电器所做的功称为电功率，用字母 P 表示。其数学表达式为（2-3）：

$$
P = \frac{W}{t} \tag{2-3}
$$

将公式（2-2）代入公式（2-3）后得到公式（2-4）：

$$
\left.\begin{array}{l}
P = \dfrac{U^2}{R} \\
P = UI \\
P = I^2 R
\end{array}\right\} \tag{2-4}
$$

若在公式（2-4）中，电功单位为焦耳，时间单位为秒，则电功率的单位就是焦耳/秒。焦耳/秒又叫瓦特，简称瓦，用字母 W 表示。在实际工作中，常用的电功率单位还有毫瓦（mW）、千瓦（kW）、兆瓦（MW）和马力（HP），换算关系为：

$$1W=10^3 mW$$

$$1kW=10^3 W$$

$$1MW=10^6 W$$

$$1HP（马力）=736W$$

从公式（2-2）～式（2-4）中可以得出如下结论：

（1）当用电器的电阻一定时，电功率与电流平方或电压平方成正比。若通过用电器的电流是原来电流的 2 倍，则电功率就是原功率的 4 倍；若加在用电器两端电压是原电压的 2 倍，则电功率就是原功率的 4 倍。

（2）当流过用电器的电流一定时，电功率与电阻值成正比。对于串联电阻电路，流经各个电阻的电流是相同的，则串联电阻的总功率与各个电阻的电阻值的和成正比。

（3）当加在用电器两端的电压一定时，电功率与电阻值成反比。对于并联电阻电路，各个电阻两端电压相等，则各个电阻的电功率与各电阻的阻值成反比。

测量电能的仪表是电能表，又称电度表，它可以计量用电设备或电器在某一段时间内所消耗的电能。测量电功率的仪表是功率表，它可以测量用电设备或电气设备在某一工作瞬间的电功率大小。功率表又可以分为有功功率表（kW）和无功功率表（kvar）。电功的单位常用千瓦小时（kW·h），也叫"度"。1 千瓦小时是 1 度，它表示功率为 1 千瓦的用电器 1 小时所消耗的电能，即：

$$1kW \cdot h = 1kW \times 1h = 3.6 \times 10^6 J$$

【例 2-1】 一台 42 英寸（1 英寸＝2.54cm）等离子电视机的功率约为 300W，平均每天开机 3h，若每度电费为人民币 0.48 元，问一年（以 365 天计算）要交纳多少电费？

【解】

电视机的功率 P=300W=0.3kW

电视机一年开机的时间 t=3×365=1095h

电视机一年消耗的电能 W=$P \cdot t$=0.3×1 095=328.5kW·h

一年的电费为：328.5×0.48=157.68 元

2.2　电路

2.2.1　电路的组成和作用

电流所流过的路径称为电路。它是由电源、负载、控制器件和连接导线等 4 个基本部分组成的，如图 2-1 所示。电源是把非电能转换成电能并向外提供电能的装置。

（1）电源：将其他形式的能量转换为电能的装置，在电路中，电源产生电能，并维持电路中的电流。常见的电源有干电池、蓄电池和发电机等。

（2）负载：将电能转换为其他形式能量的装置，是电路中用电器的总称。如电灯把电能转换成光能；电烙铁把电能转换成热能；电动机把电能转换成机械能。

（3）连接导线：连接电源和负载的导体，为电流提供通道并传输电能。连接导线将电源和负载连接起来，担负着电能的传输和分配的任务。

（4）控制器件：在电路中起接通、断开、保护、测量等作用的装置，用于控制电路的接通或断开。开关属于常用的控制器件。

电路电流方向是由电源正极经负载流到电源负极，在电源内部，电流由负极流向正极，形成一个闭合通路。在设计、安装或维修各种实际电路时，经常要画出表示电路连接情况的图。如果是画如图 2-1（a）所示的实物连接图，虽然直观，但很麻烦。所以很少画实物图，而是画电路图。所谓电路图就是用国家统一规定的符号，来表示电路连接情况的图。表 2-2 是几种常用的电工符号。图 2-1（b）是图 2-1（a）的电路图。

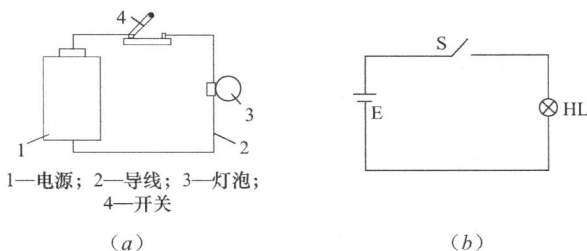

1—电源；2—导线；3—灯泡；
4—开关

（a）   （b）

图 2-1　电路图

（a）电路的组成（b）电路图

几种常用的电工符号   表 2-2

名称	符号	名称	符号
电池	—⊣⊢—	电流表	—(A)—
导线	————	电压表	—(V)—
开关	—/ —	熔断器	—▭—
电阻	—▭—	电容	—⊣⊢—
照明灯	—⊗—	接地	⊥

2.2.2 电路的三种状态

电路有三种状态：即通路、开路、短路。

通路是指电路处处接通。通路也称为闭合电路，简称闭路。只有在通路的情况下，电路才有正常的工作电流。

开路是电路中某处断开，没有形成通路的电路，开路也称为断路，此时电路中没有电流。

短路是指电源或负载两端被导线连接在一起，分别称为电源短路或负载短路。电源短路时负载中无电流通过，流过导线的电流比正常工作时大几十倍甚至数百倍，短时间内就会使导线产生大量的热量，造成导线熔断或过热而引发火灾，短路是一种事故状态，通常是有害的，也是非常危险的，所以一般不允许电源短路。

2.3 交流电

我国工业上普遍采用频率为 50Hz 的正弦交流电，在日常生活中，人们接触较多的是单向交流电，而实际工作中，接触更多的是三相交流电。下面我们来介绍正弦交流电和三相交流电。

2.3.1 正弦交流电

所谓交流电是指电流（及电压、电动势）的大小和方向随时间的变化而变化，主要有交变电流、交变电压和交变电动势等类型的交流电。正弦交流电是指其电流、电压或者电动势的大小和方向随时间变化呈正弦规律变化的交流电。常用图形表示交流电随时间变化的规律，这种图形称为波形图，如图 2-2 所示。

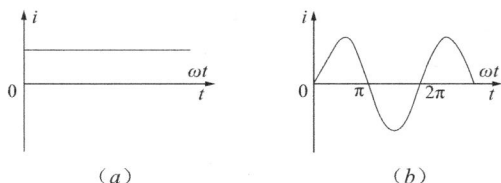

图 2-2　波形图
（a）直流电；（b）正弦交流电

由图 2-2 所示的正弦交流电流波形图可以看出，它从零开始随时间延长而增至最大值，然后逐渐减到零；以后由零开始反向增至最大值，然后再回到零。这样，交流电流就变化一次。交流电就按照这样的规律做周而复始的变化，变化一次叫作一周。交流电变化一周所需要的时间叫作周期，用字母 T 表示，单位是秒（s），较小的单位有毫秒（ms）和微秒（μs）。它们之间的关系为：

$$1s=10^3ms=10^6\mu s$$

周期的长短表示交流电变化的快慢。周期越小，说明交流电变化一周所需的时间越短，交流电的变化越快；反之，交流电的变化越慢。

频率是指在 1s 钟内交流电变化的次数，用字母 f 表示，单位为赫兹；简称赫，用 Hz 表示。当频率很高时，可以使用千赫（kHz）、兆赫（MHz）、吉赫（GHz）等。它们之间的关系为：

$$1kHz=10^3Hz$$

$$1MHz=10^3kHz$$

$$1GHz=10^3MHz$$

频率和周期一样，是反映交流电变化快慢的物理量。它们之间的关系为：

$$f = \frac{1}{T} \\ T = \frac{1}{f}$$

我国农业生产及日常生活中使用的交流电标准频率为50Hz。通常把50Hz的交流电称为工频交流电。

交流电变化的快慢除了用周期和频率表示外，还可以用角频率表示。所谓角频率就是交流电每秒钟变化的角度，用字母 ω 表示，单位是 rad/s（弧度 / 秒）。

周期、频率和角频率的关系是：

$$\omega = 2\pi f = \frac{2\pi}{T}$$

2.3.2 三相交流电

三个具有相同频率、相同振幅，但在相位上彼此相差120°的正弦交流电，统称为三相交流电。三相交流电习惯上分为A、B、C三相。按国标规定，交流供电系统的电源A、B、C分别用 L_1、L_2、L_3 表示，其相色分别为黄色、绿色和红色。交流供电系统中电气设备接线端子的A、B、C相依次用U、V、W表示，如三相电动机三相绕组的首端和尾端分别为 U_1 和 U_2、V_1 和 V_2、W_1 和 W_2。

三相交流电是由三相发电机产生的，图2-3表示三相发电机的结构示意图。它由定子和转子组成。在定子上嵌入三个绕组，每个绕组叫作一相，合称三相绕组。绕组的一端分别用 U_1、V_1、W_1 表示，叫作绕组的始端，另一端分别用 U_2，V_2，W_2 表示，叫作绕组的末端。三相绕组始端或末端之间的空间角为120°。转子为电磁铁，磁感应强度沿转子表面按正弦规律分布。当转子以匀角速度 ω 逆时针方向旋转时，在三相绕组中分别感应出振幅相等，频率相同，相位互差120°的三个感应电动势，这三相电动势称为对称三相电动势。

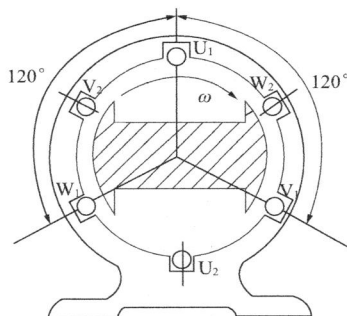
图 2-3　三相交流电发电机机构示意图

　　三相制电路应用广泛，其电源是三相发电机。和单相交流电相比，三相交流电具有以下优点：

　　（1）三相发电机比尺寸相同的单相发电机输出的功率大。

　　（2）三相发电机的结构和制造与单相发电机相比，并不复杂，使用方便，维修简单，运转时振动也很小。

　　（3）在条件相同、输送功率相同的情况下，三相输电线比单相输电线可节约 25％左右的线材。

2.4　三相异步电动机

　　电动机是把电能转换成机械能，并输出机械转矩的动力设备。现代各种机械广泛应用电动机来驱动。

　　一般电动机可分为直流电动机和交流电动机两大类。交流电动机按使用电源相数可分为单相电动机和三相电动机两种，而三相电动机又分同步式和异步式两种，异步电动机按转子结构不同又分成笼式和绕线式两种。

　　三相异步电动机结构简单、维修方便、运行可靠，与相同容量的其他电动机相比具有质量轻、成本低、价格便宜等优点。因此，被广泛用来做中、小型轧钢机、各种机床以及轻工机械和鼓风机的拖动部分。根据统计，国内有 90％左右的电力拖动机械使用异步电动机，其中，小型异步电动机占70%以上。在电网的总负载中异步电动机的用电量占60%以上。电扇、洗衣机、电冰箱、空调、排风扇、木工机械及小型电钻等使用的是单相异步电动机，建筑卷扬机一般都采用三相异步电动机。

（1）三相异步电动机的结构

三相异步电动机也叫三相感应电动机，主要由定子和转子两个基本部分组成。转子又可分为鼠笼式和绕线式两种。

1）定子

定子主要由定子铁芯、定子绕组、机座和端盖等组成。

① 定子铁芯

定子铁芯是异步电动机主磁通磁路的一部分，通常由导磁性能较好的0.35～0.50mm厚的硅钢片叠压而成。对于容量较大（10kW以上）的电动机，在硅钢片两面涂以绝缘漆，作为片间绝缘之用。

② 定子绕组

定子绕组是异步电动机的电路部分，由三相对称绕组按一定的空间角度依次嵌放在定子线槽内，其绕组有单层和双层两种基本形式。如图2-4所示。

图2-4　三相电机的定子绕组

③ 机座

机座的作用主要是固定定子铁芯并支撑端盖和转子,中小型异步电动机一般都采用铸铁机座。

2)转子

转子部分由转子铁芯、转子绕组及转轴组成。

① 转子铁芯,也是电动机主磁通磁路的一部分,一般也由0.35～0.50mm厚的硅钢片叠成,并固定在转轴上。转子铁芯外圆侧均匀分布着线槽,用以浇铸或嵌放转子绕组。

② 转子绕组,按其形式分为鼠笼式和绕线式两种。小容量鼠笼式电动机一般采用在转子铁芯槽内浇铸铝笼条,两端的端环将笼条短接起来,并浇铸冷却成风扇叶状。如图 2-5 所示,为鼠笼式电机的转子。

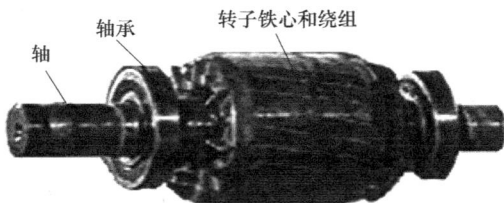

图 2-5 鼠笼式电机的转子

绕线式电动机是在转子铁芯线槽内嵌放对称三相绕组,如图 2-6 所示。三相绕组的一端接成星形,另一端接在固定于转轴的滑环(集电环)上,通过电刷与变阻器连接。如图 2-7 所示,为三相绕线式电机的滑环结构示意图。

图 2-6 绕线式电机的转子绕组

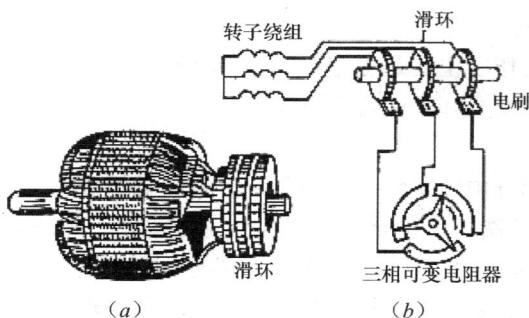

图 2-7 三相绕线式电机的滑环结构
（a）外形；（b）接线图

③ 转轴，其主要作用是支撑转子和传递转矩。

（2）三相异步电动机的铭牌

电动机出厂时，在机座上都有一块铭牌，上面标有该电机的型号、规格和有关数据。

1）铭牌的标识

电机产品型号举例：Y-132M2—4W（图2-8所示）

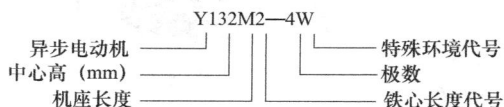

图 2-8 铭牌标识

Y——表示异步电动机；

132——表示机座号，数据为轴心对底座平面的中心高（mm）；

M——表示中机座（S：短；M：中；L：长）；

2——表示铁芯长度号；

4——表示电动机的极数；

W——特殊环境代号。

2）技术参数

① 额定功率：电动机的额定功率也称额定容量，表示电动在额定工作状态下运行时，轴上能输出的机械功率，单位为 W 或 kW。

② 额定电压：是指电动机额定运行时，外加于定子绕组上的线电压，单位为 V 或 kV。

③ 额定电流：是指电动机在额定电压和额定输出功率时，定子绕组的线电流，单位为 A。

④ 额定频率：额定频率是指电动机；运行时电源的频率，单位为 Hz。

⑤ 额定转速：额定转速是指电动机在额定运行时的转速，单位为 r/min。

⑥ 接线方法：表示电动机在额定电压下运行时，三相定子绕组的接线方式。目前电动机铭牌上给出的接法有两种，一种是额定电压为 380V/220V，接法为Υ/△；另一种是额定电压 380V，接法为△。

⑦ 绝缘等级：电动机的绝缘等级，是指绕组所采用的绝缘材料的耐热等级，它表明电动机所允许的最高工作温度，见表 2-3。

绝缘等级及允许最高工作温度 表 2-3

绝缘等级	Y	A	E	B	F	H	C
最高工作温度（℃）	90	105	120	130	155	180	> 180

（3）三相异步电动机的运行与维护

1）电动机起动前检查

① 电动机上和附近有无杂物和人员；

② 电动机所拖动的机械设备是否完好；

③ 大型电动机轴承和起动装置中油位是否正常；

④ 绕线式电动机的电刷与滑环接触是否紧密；

⑤ 转动电动机转子或其所拖动的机械设备，检查电动机和拖动的设备转动是否正常。

2）电动机运行中的监视与维护

① 电动机的温升及发热情况；

② 电动机的运行负荷电流值；

③ 电源电压的变化；

④ 三相电压和三相电流的不平衡度；

⑤ 电动机的振动情况；

⑥ 电动机运行的声音和气味；

⑦ 电动机的周围环境、适用条件；

⑧ 电刷是否冒火或有其他异常现象。

2.5　低压电器

低压电器在供配电系统中广泛用于电路、电动机、变压器等电气装置上，起着开关、保护、调节和控制的作用，按其功能分有开关电器、控制电器、保护电器、调节电器、主令电器和成套电器等，现主要介绍起重机械中常用的几种低压电器。

（1）主令电器

主令电器是一种能向外发送指令的电器，主要有按钮、行程开关、万能转换开关和接触开关等。利用它们可以实现人对控制电器的操作或实现控制电路的顺序控制。

1）控制按钮

按钮是一种靠外力操作接通或断开电路的电气元，一般不能直接用来控制电气设备，只能发出指令，但可以实现远距离操作。如图 2-9 所示，为几种按钮的外形与结构。

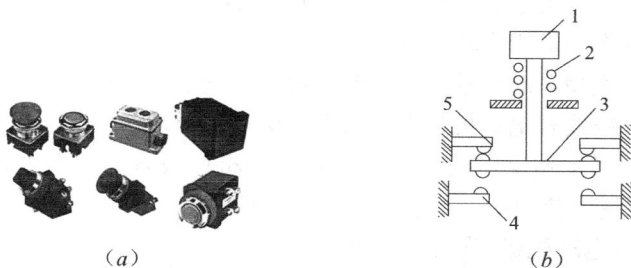

（a）　　　　　　　　　　（b）

图 2-9　按钮的外形与结构

（a）实物图；　（b）示意图

1—按钮；2—弹簧；3—接触片；4、5—接触点

2）行程开关

行程开关又称限位开关或终点开关，是一种将机械信号转换为电信号来控制运动部件行程的开关元件。它不用人工操作，而是利用机械设备某些部件的碰撞来完成的，以控制自身的运动方向或行程大小的主令电器，被广泛用于顺序控制器、运动方向、行程、零位、限位、安全及自动停止、自动往复等控制系统中。如图 2-10 所示为几种常见的行程开关。

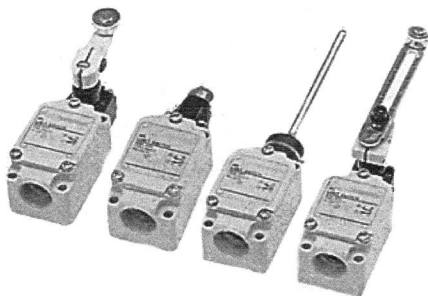

图 2-10　几种常见的行程开关

3）万能转换开关

万能转换开关是一种多对触头、多个挡位的转换开关。主要由操作手柄、转轴、动触头及带号码牌的触头盒等构成。常用的转换开关有 LW2、LW4、LW5-15D、LW15-10、LWX2 等，在 QT30 以下的塔式起重机一般使用 LW5 型转换开关。如图 2-11 所示为一种万能转换开关。

图 2-11　万能转换开关

4）主令控制器

主令控制器（又称主令开关）主要用于电气传动装置中，按一定顺序分合触头，达到发布命令或其他控制线路连锁转换的目的。其中塔机的联动操作台就属于主令控制器，用来操作塔式起重机的回转、变幅、升降，如图 2-12 所示。

图 2-12　塔机的联动操作台

（2）空气断路器

低压空气断路器又称自动空气开关或空气开关，属开关电器，是用于当电路中发生过载、短路和欠压等不正常情况时，能自动分断电路的电器，也可用作不频繁地启动电动机或接通、分断电路，有万能式断路器、塑壳图式断路器、微型断路器等，图 2-13 为几种常见的断路器。

图 2-13　几种常见的断路器

（3）漏电保护器

又称剩余电流动作保护器，主要用于保护人身因漏电发生电击伤亡、防止因电气设备或线路漏电引电气火灾事故。

安装在负荷端电器电路的漏电保护器，是考虑到漏电电流通过人体的影响，用于防止人为触电的漏电保护器，其动作电流不得大于 30mA，动作时间不得大于 0.1s。应用于潮湿场所的电器设备，应选用动作电流不大于 15mA 的保护器。

漏电保护器按结构和功能分为漏电开关、漏电断电器、漏电继电器、漏电保护插头、插座。漏电保护器按极数还可分单极、二极、三极、四极等多种。

（4）接触器

接触器是利用自身线圈流过电流产生磁场，使触头闭合，以达到控制负载的电器。接触器用途广泛，是电力拖动和控制系统中应用最为广泛的一种电器，它可以频繁操作，远距离闭合、断开主电路和大容量控制电路，接触器可分为交流接触器和直流接触器两大类。

接触器主要由电磁系统、触头系统和灭弧装置等几部分组成。交流接触器的交流线圈的额定电压有 380V、220V 等，图 2-14 为几种常见的接触器。

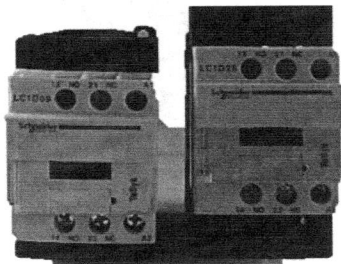

图 2-14　常见的接触器

（5）继电器

继电器是一种自动控制电器，在一定的输入参数下，它受输入端的影响而使输出参数有跳跃式的变化。常用的有中间继电器、热继电器、时间继电器、温度继电器等。图 2-15 为几种常见的继电器。

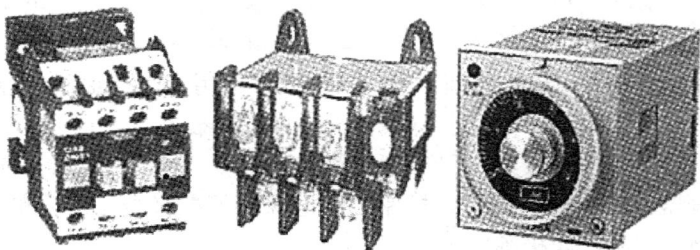

图 2-15　几种常见的继电器

（6）刀开关

刀开关又称闸刀开关或隔离开关，它是手控电器中最简单而使用又较广泛的一种低压电器。刀开关在电路中的作用是隔离电源和分断负载。图 2-16 为一种常见的刀开关。

图 2-16　刀开关

3　机械基础知识

3.1　基本概念

（1）机器

机器基本上都是由原动部分、工作部分和传动部分组成的。原动部分是机器动力的来源。常用的原动机有电机、内燃机等。工作部分是完成机器预定的动作，处于整个传动的终端，其结构形式取决于机器工作本身的用途。传动部分是把原动部分的运动和动力传递给工作部分的中间环节。

机器通常有以下三个共同的特征：

1）机器是由许多的构件组合而成的，如图3-1所示，钢筋切断机由电动机通过带传动及齿轮传动减速机，带动由曲柄、连杆和滑块组成的曲柄滑块机构，使安装在滑块上的活动刀片周期性地靠近或离开安装在机架上的固定刀片，完成切断钢筋的工作循环。其原动部分为电动机，执行部分为刀片，传动部分包括带传动、齿轮传动和曲柄滑块机构。

2）机器中的构件之间具有确定的相对运动。活动刀片相对于固定刀片作往复运动。

3）机器可以用来代替人的劳动，完成有用的机械功或者实现能量转换。如运输机可以改变物体的空间位置，电动机能把电能转换成机械能等。

（2）机构

机构与机器有所不同，机构具有机器的前两个特征，而没有最后一个特征，通常把这些具有确定相对运动构件的组合称为机构。所以机构和机器的区别是机构的主要功用在于传递或转变运动的形式,而机器的主要功用是为了利用机械能做功或能量转换。

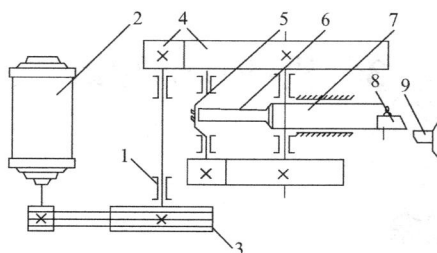

图 3-1　钢筋切断机示意图

1—机架；2—电动机；3—带传动机构；4—齿轮机构；
5—偏心轴；6—连杆；7—滑块；8—活动刀片；9—固定刀片

（3）机械

机械是机器和机构的总称。

（4）运动副

使两物体直接接触而又能产生一定相对运动的连接,称为运动副,如图 3-2 所示。根据运动副中两机构接触形式不同,运动副可分为低副和高副。

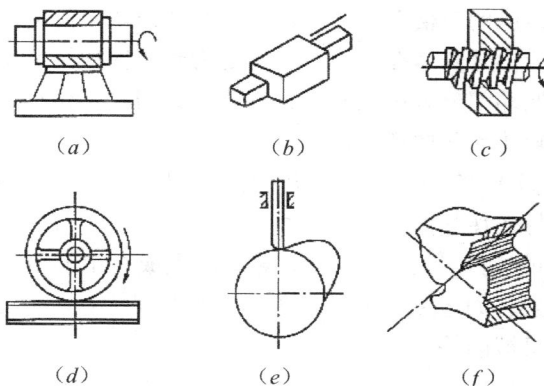

图 3-2　运动副

（a）转动副；（b）移动副；（c）螺旋副；
（d）滚轮副；（e）凸轮副；（f）齿轮副

1）低副

低副是指两构件之间作面接触的运动副。按两构件的相对运动情况，可分为：

① 转动副：指两构件在接触处只允许做相对转动，如由轴和瓦之间组成的运动副。

② 移动副：指两构件在接触处只允许做相对移动，如滑块与导槽组成的运动副。

③ 螺旋副：两构件在接触处只允许作一定关系的转动和移动的复合运动，如丝杠与螺母组成的运动副。

2）高副

高副是两构件之间作点或线接触的运动副。按两构件的相对运动情况，可分为：

① 滚轮副：如由滚轮和轨道之间组成的运动副。

② 凸轮副：如凸轮与从动杆组成的运动副。

③ 齿轮副：如两齿轮轮齿的啮合组成的运动副。

3.2 机械传动

（1）齿轮传动

齿轮传动是由齿轮副组成传递运动和动力的一套装置，所谓齿轮副是由两个相啮合的齿轮组成的基本结构。

1）齿轮传动工作原理

齿轮传动由主动轮、从动轮和机架组成。齿轮传动是靠主动轮的轮齿与从动轮的轮齿直接啮合来传递运动和动力的装置。如图 3-3 所示，一对齿轮相互啮合而工作时，主动轮 O_1 的轮齿 1、2、3、4、……，通过啮合点法向力的作用逐个地推动从动轮 O_2 的轮齿 1′、2′、3′、4′……，使从动轮转动，从而将主动轮的动力和运动传递给从动轮。

2）传动比

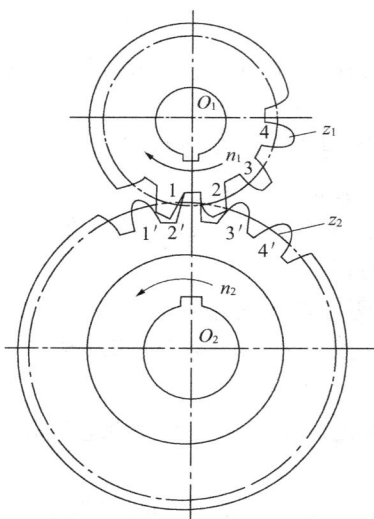

图 3-3　齿轮传动

如图 3-3 所示，在一对齿轮中，设主动齿轮的转速为 n_1，齿数为 z_1，从动齿轮的转速为 n_2，齿数为 z_2，由于是啮合传动，在单位时间里两轮转过的齿数应相等，即 $z_1 \cdot n_1 = z_2 \cdot n_2$，由此可得一对齿轮的传动比，见式（3-1）所示。

$$i_{12} = \frac{n_1}{n_2} = \frac{z_2}{z_1} \qquad (3-1)$$

式中　i_{12}——齿轮的传动比；

　　n_1、n_2——齿轮的转速；

　　z_1、z_2——齿轮的齿数。

式（3-1）说明一对齿轮传动比，就是主动齿轮与从动齿轮转速（角速度）之比，与其齿数成反比。若两齿轮的旋转方向相同，规定传动比为正；若两齿轮的旋转方向相反，规定的传动比为负。因此，一对齿轮的传动比写为：

$$i_{12} = \pm\frac{n_1}{n_2} = \pm\frac{z_2}{z_1}$$

3）齿轮各部分名称和符号，如图3-4所示。

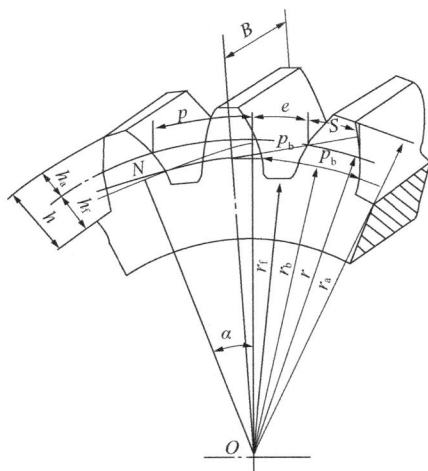

图3-4　齿轮各部分名称和符号

① 齿槽：齿轮上相邻两轮齿之间的空间；

② 齿顶圆：通过轮齿顶端所做的圆称为齿顶圆，其直径用 d_a 表示，半径用 r_a 表示；

③ 齿根圆：通过齿槽底所做的圆称为齿根圆，其直径用 d_f 表示，半径用 r_f 表示；

④ 齿厚：一个齿的两侧端面齿廓之间的弧长称为齿厚，用 s 表示；

⑤ 齿槽宽：一个齿槽的两侧齿廓之间的弧长称为齿槽宽，用 e 表示；

⑥ 分度圆：齿轮上具有标准模数和标准压力角的圆称为分度圆，其直径用 d 表示，半径用 r 表示；对于标准齿轮，分度圆上的齿厚和槽宽相等；

⑦ 齿距：相邻两齿上同侧齿廓之间的弧长称为齿距，用 p 表示，即 $p = s+e$；

⑧ 齿高：齿顶圆与齿根圆之间的径向距离称为齿高，用 h 表示；

⑨ 齿顶高：齿顶圆与分度圆之间的径向距离称为齿顶高，

用 h_a 表示;

⑩ 齿根高：齿根圆与分度圆之间的径向距离称为齿根高，用 h_f 表示;

⑪ 齿宽：齿轮的有齿部位沿齿轮轴线方向量得的齿轮宽度，用 B 表示。

4）主要参数

① 齿数：在齿轮整个圆周上轮齿的总数称为齿数，用 z 表示。

② 模数：模数是齿轮几何尺寸计算中最基本的一个参数。齿距除以圆周率所得的商，称为模数，由于 π 为无理数，为了计算和制造上的方便，人为地把 p/π 规定为有理数，用 m 表示，模数单位为 mm，即：$m = p/\pi = d/z$。

模数直接影响齿轮的大小、轮齿齿形和强度的大小。对于相同齿数的齿轮，模数越大，齿轮的几何尺寸越大，轮齿也大，因此承载能力也越大。

国家规定了标准模数系列，见表 3-1。

③ 分度圆压力角：通常说的压力角指分度圆上的压力角，简称压力角，用 α 表示。国家标准中规定，分度圆上的压力角为标准值，$\alpha = 20°$。

齿廓形状是由齿数、模数和压力角三个因素决定的。

标准模数系列表　　　　　　　　　　表 3-1

第一系列	0.1	0.12	0.15	0.2	0.25	0.3	0.4	0.5	0.6	0.8	
	1	1.25	1.5	2	2.5	3	4	5	6	8	
	10	12	16	20	25	32	40	50			
第二系列	0.35	0.7	0.9	1.75	2.25	2.75	(3.25)	3.5	(3.75)	4.5	5.5
	(6.5)	7	9	(11)	14	18	22	28	(30)	36	45

注：本表适用于渐开线圆柱齿轮，对斜齿轮是指法面模数；选用模数时，应优先采用第一系列，其次是第二系列，括号内的模数尽量不用。

5）直齿圆柱齿轮传动

① 啮合条件

两齿轮的模数和压力角分别相等。

② 中心距

一对标准直齿圆柱齿轮传动，由于分度圆上的齿厚与齿槽宽相等，所以两齿轮的分度圆相切，且做纯滚动，此时两分度圆与其相应的节圆重合，则标准中心距见式（3-2）。

$$a = r_1 + r_2 = \frac{m(z_1 + z_2)}{2} \qquad (3\text{-}2)$$

式中　a——标准中心距；

　　　r_1、r_2——齿轮的半径；

　　　m——齿轮的模数；

　　　z_1、z_2——齿轮的齿数。

6）齿轮传动的失效形式

齿轮传动过程中，如果轮齿发生折断、齿面损坏等现象，则轮齿就失去了正常的工作能力，称为失效。失效的原因及避免措施见表3-2。

常见的轮齿失效形式有：轮齿折断、齿面点蚀、齿面胶合、齿面磨损和齿面塑性变形等。如图3-5所示，为常见的轮齿失效形式。

<table>
<tr><td colspan="2">齿轮失效的原因及避免措施</td><td colspan="3" style="text-align:right">表3-2</td></tr>
<tr><td>失效形式
比较项目</td><td>轮齿折断</td><td>齿面点蚀</td><td>齿面胶合</td><td>齿面磨损</td><td>齿面塑性变形</td></tr>
<tr><td>引起原因</td><td>短时意外的严重过载；超过弯曲疲劳极限</td><td>很小的面接触、循环变化就会使齿面产生细微的疲劳裂纹、微粒剥落而形成麻点</td><td>高速重载、啮合区温度升高引起润滑失效，齿面金属直接接触并相互粘连，较软的齿面被撕下而形成沟纹</td><td>接触表面间的较大的相对滑动，产生滑动摩擦</td><td>低速重载、齿面压力过大</td></tr>
</table>

比较项目 \ 失效形式	轮齿折断	齿面点蚀	齿面胶合	齿面磨损	齿面塑性变形
部位	齿根部分	靠近节线的齿根表面	轮齿接触表面	轮齿接触表面	轮齿
避免措施	选择适当的模数和齿宽,采用合适的材料及热处理方法,降低表面粗糙度,降低齿根弯曲应力	提高齿面硬度	提高齿面硬度,降低表面粗糙度,采用黏度大和抗胶合性能好的润滑油	提高齿面硬度,降低表面粗糙度,改善润滑条件,加大模数,尽可能用闭式齿轮传动结构代替开式齿轮传动结构	减小载荷,减小启动频率

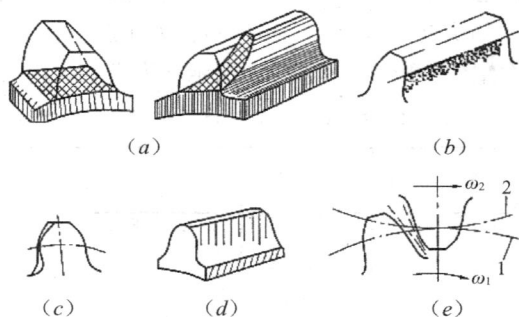

（a）　　　　　　　（b）

（c）　　　（d）　　　（e）

图 3-5　常见的轮齿失效形式

（a）轮齿折断；（b）齿面点蚀；（c）齿面胶合；（d）齿面磨损；（e）齿面

7）斜齿圆柱齿轮

① 斜齿圆柱齿轮齿面的形成

斜齿圆柱齿轮是齿线为螺旋线的圆柱齿轮。斜齿圆柱齿轮的齿面制成渐开螺旋面。渐开螺旋面的形成,是一平面（发生面）

沿着一个固定的圆柱面（基圆柱面）做纯滚动时，此平面上的一条以恒定角度与基圆柱的轴线倾斜交错的直线在空间内的轨迹曲面，如图 3-6 所示。

当其恒定角度 $\beta = 0$ 时，则为直齿圆柱渐开螺旋面齿轮（简称直齿圆柱齿轮），当 $\beta \neq 0$ 时，则为斜齿圆柱渐开螺旋面齿轮，简称斜齿圆柱齿轮。

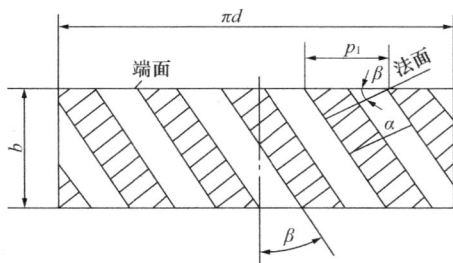

图 3-6　斜齿轮展开图

② 斜齿圆柱齿轮传动的特点

斜齿圆柱齿轮传动和直齿圆柱齿轮传动一样，仅限于传递两平行轴之间的运动；齿轮承载能力强，传动可以得到更加紧凑的结构；但在运转时会产生轴向推力。

8）齿条传动

齿条传动主要用于把齿轮的旋转运动变为齿条的直线往复运动，或把齿条的直线往复运动转变为齿轮的旋转运动。

① 齿条传动的形式

如图 3-7 所示，在两标准渐开线齿轮传动中，当其中一个齿轮的齿数无限增加时，分度圆变为直线，称为基准线。此时齿顶圆、齿根圆和基圆也同时变为与基准线平行的直线，并分别叫齿顶线、齿根线。这时齿轮中心移到无穷远处。同时，基圆半径也增加到无穷大。这种齿数趋于无穷多的齿轮的一部分就是齿条。因此齿条是具有一系列等距离分布齿的平板或直杆。

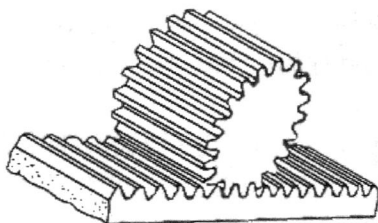

图 3-7　齿条传动

② 齿条传动的特点

由于齿条的齿廓是直线，所以齿廓上各点的法线是平行的。在传动时齿条做直线运动，齿条上各点的速度的大小和方向都一致。齿廓上各点的齿形角都相等，其大小等于齿廓的倾斜角，即齿形角 $\alpha = 20°$。

由于齿条上各齿同侧的齿廓是平行的，所以不论在基准线上（中线上）、齿顶线上。还是与基准线平行的其他直线上，齿距都相等，即 $p = \pi m$。

9）蜗杆传动

蜗杆传动是一种常用的齿轮传动形式，其特点是可以实现大传动比传动，广泛应用于机床、仪器、起重运输机械及建筑机械中。

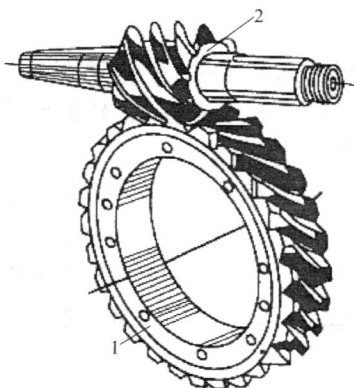

图 3-8　蜗杆蜗轮传动
1—蜗轮；2—蜗杆

如图 3-8 所示，蜗杆传动由蜗杆和蜗轮组成，传递两交错轴之间的运动和动力，一般以蜗杆为主动件，蜗轮为从动件。通常，工程中所用的蜗杆是阿基米德蜗杆，它的外形很像一根具有梯形螺纹的螺杆，其轴向截面类似于直线齿廓的齿条。蜗杆有左旋、右旋之分，一般为右旋。蜗杆传动的主要特点是：

① 传动比大。蜗杆与蜗轮的运动相当于一对螺旋副的运动，其中蜗杆相当于螺杆，蜗轮相当于螺母。设蜗杆螺纹头数为 z_1，蜗轮齿数为 z_2；在啮合中，若蜗杆螺纹头数 $z_1=1$，则蜗杆回转一周蜗轮只转过一个齿，即转过 $1/z_2$ 转；若蜗杆头数 $z_2=2$，则蜗轮转过 $2/z_2$ 转，由此可得蜗轮杆蜗轮的传动比：

$$i=\frac{n_1}{n_2}=\frac{z_2}{z_1}$$

② 蜗杆的头数 z_1 很少，仅为 1～4，而蜗轮齿数 z_2 却可以很多，所以能获得较大的传动比。单级蜗杆传动的传动比一般为 8～60，分度机构的传动比可达 500 以上。

③ 工作平稳、噪声小。

④ 具有自锁作用。当蜗杆的螺旋升角 λ 小于 6°时（一般为单头蜗杆），无论在蜗轮上加多大的力都不能使蜗杆转动，而只能由蜗杆带动蜗轮转动。这一性质对某些起重设备很有意义，可利用蜗轮蜗杆的自锁作用使重物吊起后不会自动落下。

⑤ 传动效率低。一般阿基米德单头蜗杆传动效率为 0.7～0.9。当传动比很大、蜗杆螺旋升角很小时，效率甚至在 0.5 以下。

⑥ 价格昂贵。蜗杆蜗轮啮合齿面间存在相当大的相对滑动速度，为了减小蜗杆蜗轮之间的摩擦、防止发生胶合，蜗轮一般需采用贵重的有色金属来制造，加工也比较复杂，这就提高了制造成本。

（2）带传动

带传动是由主动轮、从动轮和传动带组成，靠带与带轮之间的摩擦力来传递运动和动力。如图 3-9 所示。

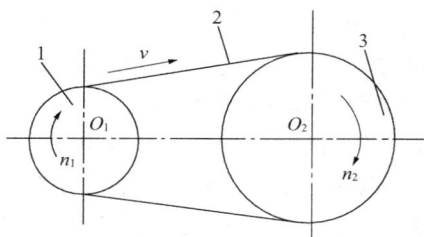

图 3-9　带传动
1—主动带轮；2—传动带；3—从动带轮

1）带传动的特点

与其他传动形式相比较，带传动具有以下特点：

① 由于传动带具有良好的弹性，所以能缓和冲击、吸收振动，传动平稳，无噪声。但因带传动存在滑动现象，所以不能保证恒定的传动比。

② 传动带与带轮是通过摩擦力传递运动和动力的。因此过载时，传动带在轮缘上会打滑，从而可以避免其他零件的损坏，起到安全保护的作用。但传动效率较低，带的使用寿命短；轴、轴承承受的压力较大。

③ 适宜用在两轴中心距较大的场合，但外廓尺寸较大。

④ 结构简单，制造、安装、维护方便，成本低。但不适用于高温、有易燃易爆物质的场合。

2）带传动的类型

带传动可分为平型带传动、V形带传动和同步齿型带传动等。如图 3-10 所示。

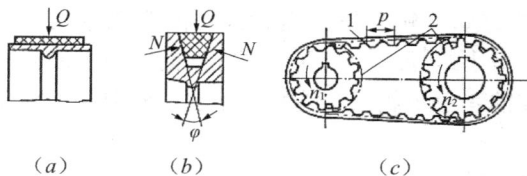

（a）　　　　（b）　　　　　（c）

图 3-10　带传动的类型

（a）平带传动；（b）V形带传动；（c）同步带传

1—节线；2—节圆

44

① 平型带传动

平型带的横截面为矩形，已标准化。常用的有橡胶帆布带、皮革带、棉布带和化纤带等。

平型带传动主要用于两带轮轴线平行的传动，其中有开口式传动和交叉式传动等。如图 3-11 所示，开口式传动，两带轮转向相同，应用较多；交叉式传动，两带轮转向相反，传动带容易磨损。

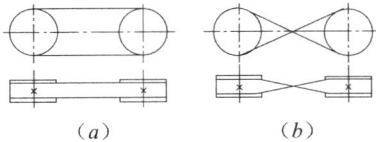

图 3-11　平型带传动
（a）开口传动；（b）交叉传动

② V 形带传动

V 形带传动又称三角带传动，较之平型带传动的优点是传动带与带轮之间的摩擦力较大，不易打滑；在电动机额定功率允许的情况下，要增加传递功率只要增加传动带的根数即可。V 形带传动常用的有普通 V 形带传动和窄 V 形带传动两类，常用普通 V 形带传动。

V 形带轮的基本要求是：重量轻，质量分布均匀，有足够的强度，安装时对中性良好，无铸造与焊接所引起的内应力。带轮的工作表面应经过加工，使之表面光滑以减少胶带的磨损。

带轮常用铸铁、钢、铝合金或工程塑料等制成。带轮由轮缘、轮毂、轮辐三部分组成，如图 3-12 所示。轮缘上有带槽，它是与 V 形带直接接触的部分，槽数与槽的尺寸应与所选 V 形带的根数和型号相对应。轮毂是带轮与轴配合的部分，轮毂孔内一般有键槽，以便用键将带轮和轴连接在一起。轮辐是连接轮缘与轮毂的部分，其形式根据带轮直径大小选择。当带轮直径很小时，只能做成实心式，如图 3-12（a）所示；中等直径的带轮做成腹板式，如图 3-12（b）所示；直径大于 300mm 的带轮常采用轮辐式，如图 3-12（c）所示。

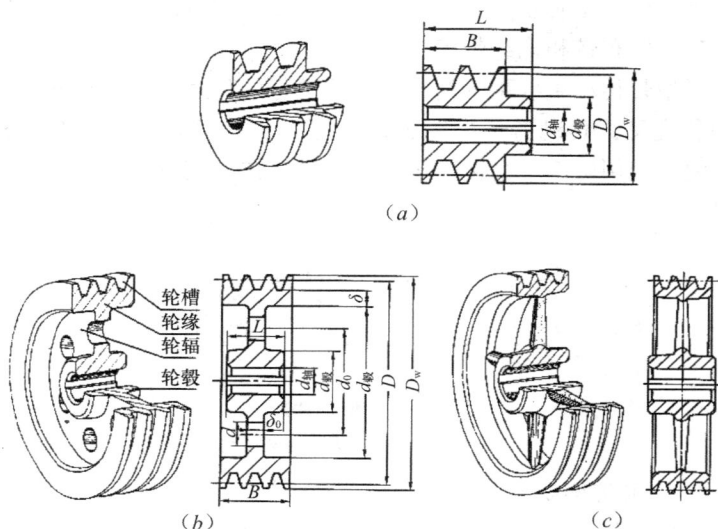

图 3-12　带轮
（a）实心式；（b）腹板式；（c）轮辐式

　　V 形带传动的安装、使用和维护是否得当，会直接影响传动带的正常工作和使用寿命。在安装带轮时，要保证两轮中心线平行，其端面与轴的中心线垂直，主、从动轮的轮槽必须在同一平面内，带轮安装在轴上不得晃动。

　　选用 V 形带时，型号和计算长度不能搞错。若 V 形带型号大于轮槽型号，会使 V 形带高出轮槽，使接触面减小，降低传动能力；若小于轮槽型号，将使 V 形带底面与轮槽底面接触，从而失去 V 形带传动摩擦力大的优点。

　　安装 V 形带时应有合适的张紧力，在中等中心距的情况下，用大拇指按下 1.5cm 即可；同一组 V 形带的实际长短相差不宜过大，否则易造成受力不均匀现象，以致降低整个机构的工作能力。V 形带在使用一段时间后，由于长期受拉力作用会产生永久变形，使长度增加而造成 V 形带松弛，甚至不能正常工作。

为了使 V 形带保持一定的张紧程度和便于安装，常把两带轮的中心距做成可调整的（图 3-13），或者采用张紧装置（图 3-14）。没有张紧装置时，可将 V 形带预加张紧力增大到 1.5 倍，当胶带工作一段时间后，由于总长度有所增加，张紧力就合适了。V 形带经过一段时间使用后，如发现不能使用要及时更换，且不允许新旧带混合使用，以免造成载荷分布不均。更换下来的 V 形带如果其中有的仍能继续使用，可在使用寿命相近的 V 形带中挑选长度相等的进行组合。

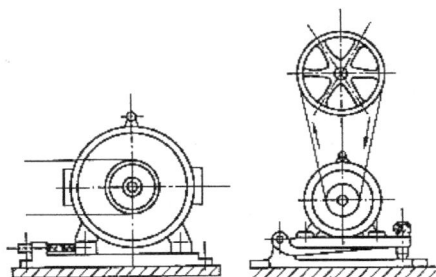

图 3-13　调整中心距的方法

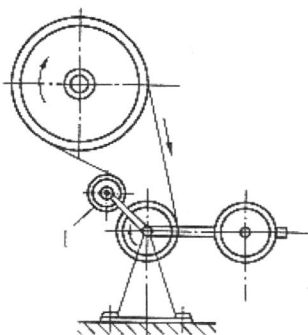

图 3-14　应用张紧轮的方法
1—张紧轮

③ 同步齿型带传动

同步齿带传动是一种啮合传动，依靠带内周的等距横向齿与带轮相应齿槽间的啮合来传递运动和动力，如图 3-15 所示。同步带传动工作时带与带轮之间无相对滑动，能保证准确的传动比。传动效率可达 0.98；传动比较大，可达 12 ～ 20；允许带速可高至 50m/s。但同步带传动的制造要求较高，安装时对中心距有严格要求，价格较贵。同步带传动主要用于要求传动比准确的中、小功率传动中。

图 3-15　同步带传动

3）带传动的维护

为了延长使用寿命，保证正常运转，须正确使用与维护。带传动在安装时，必须使两带轮轴线平行，轮槽对正，否则会加剧磨损。安装时应缩小轴距后套上，然后调整。严防与矿物油、酸、碱等腐蚀性介质接触，也不宜在阳光下曝晒。如有油污可用温水或 1.5% 的稀碱溶液洗净。

（3）链传动

链传动是由主动链轮、链条和从动链轮组成，如图 3-16 所示。链轮具有特定的齿形，链条套装在主动链轮和从动链轮上。工作时，通过链条的链节与链轮轮齿的啮合来传递运动和动力。链传动具有下列特点：

1）链传动结构较带传动紧凑，过载能力大；

2）链传动有准确的平均传动比，无滑动现象，但传动平稳性差，工作时有噪声；

3）作用在轴和轴承上的载荷较小；

4）可在温度较高、灰尘较多、湿度较大的不良环境下工作；

5）低速时能传递较大的载荷；

6）制造成本较高。

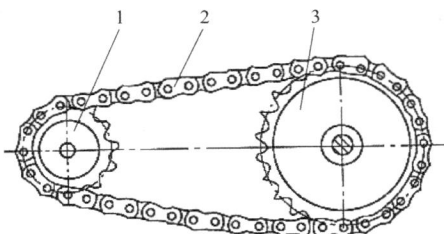

图 3-16　链传动

1—主动链轮；2—链条；3—从动链轮

3.3　轴系零部件

（1）轴

轴是组成机器中最基本的和主要的零件，一切做旋转运动的传动零件，都必须安装在轴上才能实现旋转和传递动力。

1）常用轴的种类

按照轴的轴线形状不同，可以把轴分为曲轴如图 3-17（a）和直轴如图 3-17（b）、（c）两大类。曲轴可以将旋转运动改变为往复直线运动或者作相反的运动转换。直轴应用最为广泛，直轴按照其外形不同，可分为光轴如图 3-17（b）和阶梯轴如图 3-17（c）两种。

按照轴所受载荷的不同，可将轴分为心轴、转轴和传动轴三类。

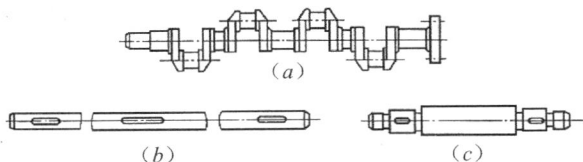

（a）

（b）　　　　　　　　　（c）

图 3-17　轴

（a）曲轴；（b）光轴；（c）阶梯轴

① 心轴：通常指只承受弯矩而不承受转矩的轴。如自行车前轴。

② 转轴：既受弯矩又受转矩的轴。转轴在各种机器中最为常见。

③传动轴：只受转矩不受弯矩或受很小弯矩的轴。车床上的光轴、连接汽车发动机输出轴和后桥的轴，均是传动轴。

2）轴的结构

轴主要由轴颈、轴头、轴身和轴肩、轴环构成，如图 3-18 所示。

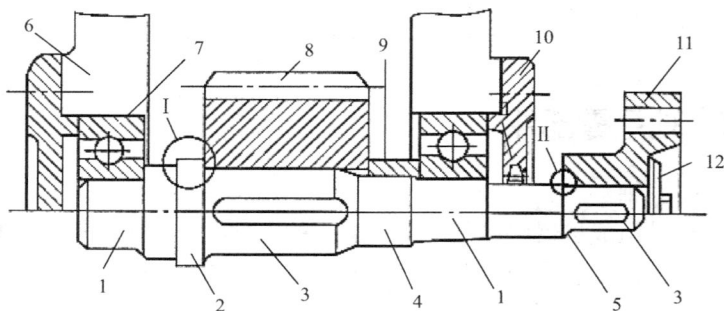

图 3-18　轴的结构

1—轴颈；2—轴环；3—轴头；4—轴身；5—轴肩；6—轴承座；7—滚动轴承；8—齿轮；9—套筒；10—轴承盖；11—联轴器；12—轴端挡阻

（2）轴上零件的固定

轴上零件的固定可分为周向固定和轴向固定。

1）周向固定

不允许轴与零件发生相对转动的固定，称为周向固定。常用的固定方法有楔键连接、平键连接、花键连接和过盈配合连接等。

① 楔键连接

楔键如图 3-19（a）所示，沿键长一面制成 1：100 斜度，在轴上平行于轴线开平底键槽，轮毂上制成 1：100 斜度的键槽，装配时沿轴向将楔键打入键槽，依靠键的上下两面与键槽挤紧产生的摩擦力，将轴与轮毂连接在一起。键的两侧面与键槽之间留有间隙。

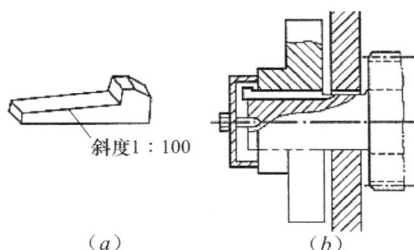

斜度1:100

（a）　　　　　　　　（b）

图 3-19　楔键连接

（a）楔键；（b）楔键连接

楔键连接方法简单，即使轴与轮毂之间有较大的间隙也能靠楔紧作用将轴与轮毂连成一体，但由于打入了楔键从而破坏了轴与轮毂的对中性，同时在有振动的场合下易松脱，所以楔键不适用于高速、精密的机械，只适用于低速轴上零件的连接。为防止键的钩头外伸，应加防护罩，如图 3-19（b）所示，以免发生事故。

② 平键连接

平键是一个截面为矩形的长六面体，键的两个侧面与键槽紧密配合，顶面与轮毂键槽间留有间隙，主要靠两侧面来传递扭矩，其连接方法见图 3-20（a）。平键制造简单、装拆方便，有较好的对中性，故应用普遍。当零件需沿轴向移动时，可用导向键（滑键）连接，如图 3-20（b）所示，导向键用螺钉固定在轴上，零件可以沿其两侧面顺轴向移动。

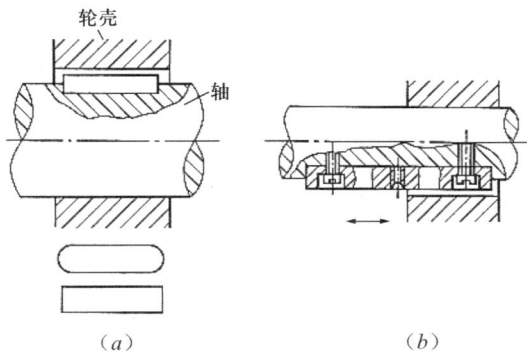

轮壳

轴

（a）　　　　　　　　（b）

图 3-20　平键连接

（a）平键；（b）导向键

③ 花键连接

花键连接由花键轴与花键槽构成（图 3-21），常用在传递大扭矩、要求有良好的导向性和对中性的场合。花键的齿形有矩形、三角形及渐开线齿形三种，矩形键加工方便，应用较广。

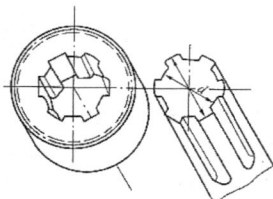

图 3-21　花键连接

④ 过盈配合连接

过盈配合连接的特点是轴的实际尺寸比孔的实际尺寸大，安装时利用打入、压入、热套等方法将轮毂装在轴上，通常用于有振动、冲击和不需经常装拆的场合。

2）轴向固定

不允许轴与零件发生相对的轴向移动的固定，称为轴向固定。常用的固定方法有轴肩、螺母、定位套筒和弹性挡圈等。

① 轴肩，用于单方向的轴向固定。

② 螺母，轴端或轴向力较大时可用螺母固定。为防止螺母松动，可采用双螺母或防松垫圈。

③ 定位套筒，一般用于两个零件间距离较小的场合。

④ 弹性挡圈（卡环），当轴向力较小时，可采用弹性挡圈进行轴向定位，具有结构简单、紧凑等特点。

（3）轴承

轴承是用于支承轴颈的部件，它能保证轴的旋转精度，减小转动时轴与支承间的摩擦和磨损。根据轴承摩擦性质的不同，轴承可分为滑动轴承和滚动轴承两类。

1）滑动轴承

滑动轴承一般由轴承座、轴承盖、轴瓦和润滑装置等组成，如图 3-22 所示。

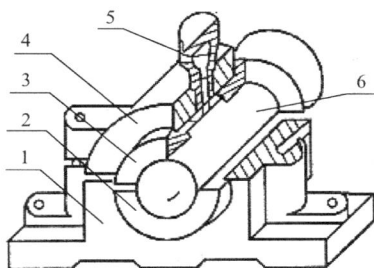

图 3-22　滑动轴承

1—轴承座；2、3—轴瓦；4—轴承盖；5—润滑装置；6—轴颈

　　滑动轴承与轴之间的摩擦为滑动摩擦，其工作可靠、平稳且无噪声，润滑油具有吸振能力，故能受较大的冲击载荷，用于高速运转，如能保持良好的润滑可以提高机器的传动效率。根据轴承的润滑状态，滑动轴承可分为非液体摩擦滑动轴承（动压轴承）和液体摩擦滑动轴承（静压轴承）两大类；按照所受载荷方向不同，可分为向心滑动轴承、推力滑动轴承和向心推力滑动轴承。

　　非液体摩擦滑动轴承是在轴颈和轴瓦表面，由润滑油的吸附作用而形成一层极薄的油膜，它使轴颈与轴瓦表面有一部分接触，另一部分被油膜隔开。一般常见的滑动轴承大都属于这一种。液体摩擦滑动轴承的油膜较厚，使接触面完全脱离接触，它的摩擦系数约为 $0.001 \sim 0.008$。这是一种比较理想的摩擦状态。由于这种轴承的摩擦状态要求较高，不易实现，因此只有在很重要的设备中才采用。

　　轴瓦是滑动轴承和轴接触的部分，是滑动轴承的关键元件。一般用青铜、减摩合金等耐磨材料制成，滑动轴承工作时，轴瓦与转轴之间要求有一层很薄的油膜起润滑作用。如果由于润滑不良，轴瓦与转轴之间就存在直接的摩擦，摩擦会产生很高的温度，虽然轴瓦是由特殊的耐高温合金材料制成，但发生直接摩擦产生的高温仍然足以将其烧坏。轴瓦还可能由于负荷过大、温度过高、润滑油存在杂质或黏度异常等因素造成烧瓦。轴瓦分为整体式、剖分式和分块式三种，如图 3-23 所示。

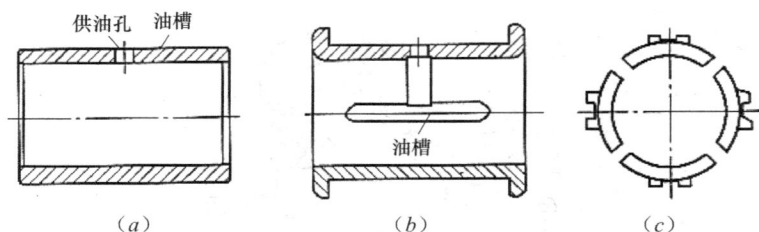

图 3-23 轴瓦的结构

（a）整体式轴瓦；（b）剖分式轴瓦；（c）分块式轴瓦

为了使润滑油能流到轴承整个工作表面上，轴瓦的内表面需开出油孔和油槽，油孔和油槽不能开在承受载荷的区域内，否则会降低轴瓦承载能力。油槽的长度一般取轴瓦宽度的 80%。

2）滚动轴承

滚动轴承由内圈、外圈、滚动体和保持架组成，如图 3-24所示。一般内圈装在轴颈上，与轴一起转动，外圈装在机器的轴承座孔内固定不动。内外圈上设置有滚道，当内外圈相对旋转时，滚动体沿着滚道滚动。按照滚动体的形状不同，滚动轴承可分为滚珠轴承和滚柱轴承；若按轴承的载荷类型不同可分为向心轴承和推力轴承两大类。

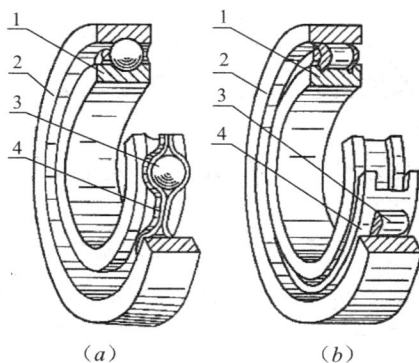

图 3-24 滚动轴承构造

（a）滚珠轴承；（b）滚柱轴承

1—内圈；2—外圈；3—滚动体；4—保持架

滚动轴承有以下特点：

① 由于滚动摩擦代替滑动摩擦，摩擦阻力小、起动快，效率高；

② 对于同一尺寸的轴颈滚动轴承的宽度小，可使机器轴向尺寸小，结构紧凑；

③ 运转精度高，径向游隙比较小并可用预紧完全消除；

④ 冷却、润滑装置结构简单、维护保养方便；

⑤ 不需要用有色金属，对轴的材料和热处理要求不高；

⑥ 滚动轴承为标准化产品，统一设计、制造、大批量生产、成本低；

⑦ 点、线接触，缓冲、吸振性能较差，承载能力低，寿命低，易点蚀。

在安装滚动轴承时，应当注意以下事项：

① 必须确保安装表面和安装环境的清洁，不得有铁屑、毛刺、灰尘等异物进入；

② 用清洁的汽油或煤油仔细清洗轴承表面，除去防锈油，再涂上干净优质润滑油脂方可安装，全封闭轴承不须清洗加油；

③ 选择合适的润滑剂，润滑剂不得混用；

④ 轴承充填润滑剂的数量以充满轴承内部空间 $1/3 \sim 1/2$ 为宜，高速运转时应减少到 $1/3$；

⑤ 安装时切勿直接锤击轴承端面和非受力面，应以压块、套筒或其他安装工具使轴承均匀受力，切勿通过滚动体传动力安装。

（4）联轴器

用来连接不同机构中的两根轴（主动轴和从动轴）使之共同旋转以传递扭矩的机械零件。在高速重载的动力传动中，有些联轴器还有缓冲、减振和提高轴系动态性能的作用。联轴器由两半部分组成，分别与主动轴和从动轴连接。一般动力机大都借助于联轴器与工作机相连接。常用的联轴器可分为刚性联轴器、弹性联轴器和安全联轴器三类。

1）刚性联轴器

刚性联轴器是通过若干刚性零件将两轴连接在一起，可分为固定式和可移式两类。这类联轴器结构简单、成本较低，但对中性要求高，一般用于平稳载荷或只有轻微冲击的场合。

如图 3-25 所示，凸缘式联轴器是一种常见的刚性固定式联轴器。凸缘联轴器由两个带凸缘的半联轴器用键分别和两轴连在一起，再用螺栓把两半联轴器连成一体。凸缘联轴器有两种对中方法：一种是用半联轴器结合端面上的凸台与凹槽相嵌合来对中。如图 3-25(*a*) 所示；另一种是用部分环配合对中，如图 3-25(*b*) 所示。

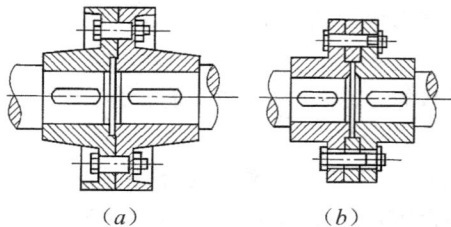

（*a*） （*b*）

图 3-25 凸缘联轴器
（*a*）凹槽配合；（*b*）部分环配合

如图 3-26 所示，滑块联轴器是一种常见的刚性移动式联轴器。它由两个带径向凹槽的半联轴器和一个两面具有相互垂直的凸榫的中间滑块所组成，滑块上的凸榫分别和两个半联轴器的凹槽相嵌合，构成移动副，故可补偿两轴间的偏移。为减少磨损、提高寿命和效率，在榫槽间需定期施加润滑剂。当转速较高时，由于中间滑块的偏心将会产生较大的离心惯性力，给轴和轴承带来附加载荷，所以只适用于低速、冲击小的场合。

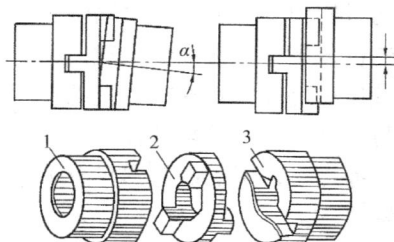

图 3-26 滑块联轴器
1—半联轴器；2—滑块；3—半联轴器

2）弹性联轴器

弹性联轴器种类繁多，它具有缓冲吸振，可补偿较大的轴向位移，微量的径向位移和角位移的特点，用在正反向变化多、启动频繁的高速轴上。如图 3-27 所示，是一种常见弹性联轴器，它由两个半联轴器、柱销和胶圈组成。

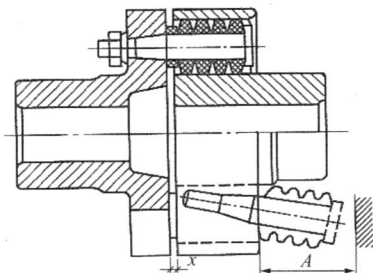

图 3-27 弹性联轴器

3）安全联轴器

安全联轴器有一个只能承受限定载荷的保险环节，当实际载荷超过限定的载荷时，保险环节就发生变化，截断运动和动力的传递，从而保护机器的其余部分不致损坏。

3.4 螺栓连接和销连接

（1）螺栓连接

螺栓是由头部和螺杆（带有外螺纹的圆柱体）两部分组成的一类紧固件，需与螺母配合，用于紧固连接两个带有通孔的零件。这种连接形式称为螺栓连接，属于可拆卸连接。

按连接的受力方式，可分为普通螺栓和铰制孔用螺栓。铰制孔用螺栓要和孔的尺寸配合，主要用于承受横向力。按头部形状，可分为六角头、圆头、方形头和沉头螺栓等，其中六角头螺栓是最常用的一种。按照螺栓性能等级，分为高强度螺栓和普通螺栓。

（2）销连接

销连接用来固定零件间的相互位置，也可用于轴和轮毂或其他零件的连接以传递较小的载荷，有时还用作安全装置中的过载剪切元件。

销主要用来固定零件之间的相对位置，起定位作用，也可用于轴与轮毂的连接，传递不大的载荷，还可作为安全装置的过载剪断元件，可分为圆柱销和圆锥销两种。

1）销的分类

销是标准件，其基本形式有圆柱销和圆锥销两种。

圆柱销连接不宜经常装拆，否则会降低定位精度或连接的紧固性。如图 3-28 所示。

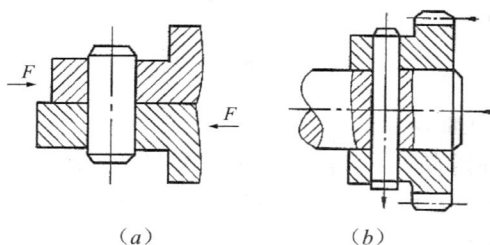

（a）　　　　　　　　（b）

图 3-28　圆柱销

圆锥销有 1∶50 的锥度，小头直径为标准值。圆锥销易于安装，定位精度高于圆柱销。如图 3-29 所示。

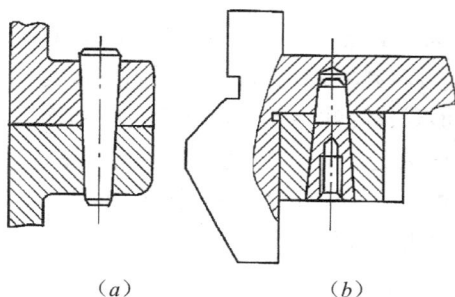

（a）　　　　　　　　（b）

图 3-29　圆锥销

圆柱销和圆锥销孔均需铰制。铰制的圆柱销孔径有四种不同配合精度，可根据使用要求选择。

2）销的选择。用于连接的销，可根据连接的结构特点按经验确定直径，必要时再作强度校核；定位销一般不受载荷或受很小载荷，其直径按结构确定，数目不得少于两个；安全销直径按销的剪切强度进行计算。销的材料一般采用 35 或 45 号钢。

4 钢结构基础知识

4.1 钢结构的特点

钢结构是由钢板、热轧型钢（角钢、工字钢、槽钢以及钢管等）、冷加工成型的薄壁型钢和钢索等作为基本元件，通过焊接、螺栓和铆钉连接、销轴等形式，按一定的设计要求连接起来制成基本构件后，连接而成的能承受和传递荷载的结构。

钢结构在建筑起重机械中有着十分广泛的应用，如塔式起重机、物料提升机、井架、龙门架等，与其他结构相比，具有以下特点：

（1）材料强度高，自身重量轻

钢材强度较高，弹性模量也高。与混凝土和木材相比，其密度与屈服强度的比值相对较低，因而在同样受力条件下钢结构的构件截面小，自重轻，便于运输和安装，适于跨度大，高度高，承载重的结构。

（2）钢材韧性、塑性好，材质均匀，结构可靠性高

适于承受冲击和动力荷载，具有良好的抗震性能。钢材内部组织结构均匀，近于各向同性匀质体。钢结构的实际工作性能比较符合计算理论，所以钢结构可靠性高。

（3）钢结构制造安装机械化程度高

钢结构构件便于在工厂制造、工地拼装。工厂机械化制造钢结构构件成品精度高、生产效率高、工地拼装速度快、工期短。钢结构是目前工业化程度最高的一种结构。钢结构可由各种型钢、钢板在专业的金属结构制造企业采用焊接、螺栓或铆钉连

接方法加工成基本构件，再运至现场进行拼装连接。这种在工厂制造在工地安装的方法，制造简便、精度高、施工周期短、效率高、成本低，且修配、更换方便。

（4）钢结构耐高温性能差

当温度在150℃以下时，钢材性质变化很小。因而钢结构适用于热车间，但结构表面受150℃左右的热辐射时，要采用隔热板加以保护。温度在300～400℃时，钢材强度和弹性模量均显著下降，温度在600℃左右时，钢材的强度趋于零。在有特殊防火需求的建筑中，钢结构必须采用耐火材料加以保护以提高耐火等级。

（5）钢结构耐腐蚀性差

特别是在潮湿和腐蚀性介质的环境中，容易锈蚀。一般钢结构要除锈、镀锌或涂料，且要定期维护。对处于海水中的海洋平台结构，需采用"锌块阳极保护"等特殊措施予以防腐蚀。

（6）低碳、节能、绿色环保，可重复利用

钢结构建筑拆除几乎不会产生建筑垃圾，钢材可以回收再利用，有利于保护环境和实现资源的可持续发展。

4.2　钢结构的材料

（1）钢材的材质

如前所述，钢结构所使用的钢材应当具有较高的强度、塑性、韧性和耐久性好，焊接性能优良、易于加工制造，抗锈性好等。

钢结构所采用的材料一般为Q235钢、Q345钢。

普通碳素钢Q235系列钢，其强度、塑性、韧性及可焊性都比较好，是建筑起重机械使用的主要钢材。

低合金钢Q345系列钢，是在普通碳素钢中加入少量的合金元素炼成的。其力学性能好，强度高，对低温的敏感性不高，耐腐蚀性能较强，焊接性能也好，用于受力较大的结构中可节省钢材，减轻结构自重。

（2）钢材的规格

型钢和钢板是制造钢结构的主要钢材。钢材有热轧成型及冷轧成型两类。热轧成型的钢材主要有型钢及钢板，冷轧成型的有薄壁型钢及钢管。

按照国家标准规定，型钢和钢板均具有相关的断面形状和尺寸。

1）热轧钢板

厚钢板：厚度 4.5 ～ 60mm，宽度 600 ～ 3000mm，长4 ～ 12m；

薄钢板：厚度 0.35 ～ 4.0mm，宽度 500 ～ 1500mm，长1 ～ 6m；

扁钢：厚度 4.0 ～ 60mm，宽度 12 ～ 200mm，长 3 ～ 9m；

花纹钢板：厚度 2.5 ～ 8mm，宽度 600 ～ 1800mm，长4 ～ 12m。

2）角钢

主要有等肢与不等肢两种。角钢是以其肢宽（cm）来编号的，例如 10 号角钢的两个肢宽均为 100mm；10/8 号角钢的肢宽分别为 100mm 和 80mm。同一号码的角钢厚度可以不同，我国生产的角钢的长度一般为 4 ～ 19m。

3）槽钢

主要分为普通槽钢和普通低合金轻型槽钢。其型号是以截面高度（cm）来表示的。例如 20 号槽钢的断面高度均为 20cm。我国产的槽钢一般长度为 5 ～ 19m，最大型号为 40 号。

4）工字钢

主要分为普通工字钢和普通低合金工字钢。因其腹板厚度不同，可分为 a、b、c 三类，型号也是用截面高度（cm）来表示的。我国生产的工字钢长度一般为 5 ～ 19m，最大型号 63 号。

5）钢管

其规格以外径表示，我国生产的无缝钢管外径 38 ～ 325mm，壁厚 4 ～ 40mm，长度 4 ～ 12.5m。

6）H 型钢

H 型钢规格以高度（mm）× 宽度（mm）表示，目前我国生产的 H 型钢规格 100mm×100mm 至 800mm×300mm 或宽翼 427mm×400mm，厚度（指主筋壁厚）6～20mm，长度6～18m。

7）冷弯薄壁型钢

冷弯薄壁型钢是用冷轧钢板、钢带或其他轻合金材料在常温下经模压或弯制冷加工而成的。用冷弯薄壁型钢制成的钢结构，重量轻，省材料，截面尺寸又可以自行设计，目前在轻型建筑结构中已得到应用。

（3）钢材性能指标

1）强度

钢材在外力作用下，材料抵抗变形和断裂的能力称为强度，其强度指标有弹性极限、屈服强度、抗拉强度和疲劳强度。测定钢材强度的方法是拉伸试验，钢材受拉时，在产生应力的同时，相应产生应变。应力—应变的关系反映出钢材的主要力学特征。

2）塑性

钢材的塑性一般指应力超过屈服点后，具有显著的塑性变形而不断裂的性质。衡量钢材塑性变形能力的主要指标是伸长率和断面收缩率。

3）冷弯性能

钢材的冷弯性能是衡量钢材在常温下弯曲加工产生塑性变形时对产生裂纹的抵抗能力。钢材的冷弯性能是用冷弯实验来检验钢材承受规定弯曲程度的弯曲变形性能。

4）冲击韧性

钢材的冲击韧性是指钢材在冲击荷载作用下，断裂过程中吸收机械动能的一种能力，是衡量钢材抵抗冲击荷载作用，可能因低温、应力集中，而导致脆性断裂的一项机械性能。一般通过标准试件的冲击试验来获得钢材的冲击韧性指标。

5）焊接性能

钢材的焊接性能是指在一定的焊接工艺条件下，获得性能良好的焊接接头。焊接性能可分为焊接过程中的焊接性能和使用性能上的焊接性能两种。焊接过程中的焊接性能是指焊接过程中焊缝及焊缝附近金属不产生热裂纹或冷却不产生冷却收缩裂纹的敏感性。焊接性能好，是指在一定焊接工艺条件下，焊缝金属和附近母材均不产生裂纹。使用性能上的焊接性能是指焊缝处的冲击韧性和热影响区内延性性能，要求焊缝及热影响区内钢材的力学性能不低于母材的力学性能。我国采用焊接过程的焊接性能试验方法，也采用使用性质上的焊接性能试验方法。

6）耐久性

影响钢材耐久性的因素很多。首先是钢材的耐腐蚀性差，必须采取防护措施，防止钢材腐蚀生锈。防护措施有：定期对钢材油漆维护，采用镀锌钢材，在有酸、碱、盐等强腐蚀介质条件下，采用特殊防护措施，如海洋平台结构采用"阳极保护"措施防止导管架腐蚀，在导管架上固定上锌锭，海水电解质会自动先腐蚀锌锭，从而达到保护钢导管架的功能。其次由于钢材在高温和长期荷载作用下，其破坏强度比短期强度降低较多，故对长期高温作用下的钢材，要测定持久强度。钢材随时间推移会自动变硬、变脆，即"时效"现象。对低温荷载作用下的钢材要检验其冲击韧性。

7）疲劳性

钢材在连续反复荷载作用下，虽然应力还低于抗拉强度甚至屈服点，也会发生破坏，这种破坏属疲劳破坏。疲劳破坏属于一种脆性破坏。疲劳破坏时所能达到的最大应力，将随荷载重复次数的增加而降低。钢材的疲劳强度通过疲劳试验来确定，各类起重机都有其规定的荷载疲劳循环次数尚不破坏的应力值为其疲劳强度。

影响钢材疲劳强度的因素相当复杂，它与钢材种类、应力大小变化幅度、结构的连接和构造情况等有关。建筑机械的钢结构多承受动力荷载，对于重级以及个别中级工作类型的机械，须考虑疲劳的影响，并作疲劳强度的计算。

4.3 钢结构的连接

钢结构通常由钢板、型钢通过必要的连接组成构件，各构件再通过一定的安装连接组成整体结构。连接部位应有足够的强度、刚度以及塑性。被连接的构件间应保持正确的相互位置，以满足力的传递和使用要求。

钢结构常用的连接方法有焊接连接、螺栓连接与铆接连接等。

（1）焊接连接

由于焊接连接构造简单、加工简便、省工省料，适用范围广，易于实行自动化作业，是建筑机械钢结构中最主要且最普遍的连接方法。焊接连接广泛应用于不可拆卸连接。钢结构采用的焊接方式主要有自动焊、半自动焊及手工焊条电弧焊。自动焊的生产效率高，主要适用专业化的工厂生产制作，在有一定条件的施工现场也可以生产。自动焊主要的焊接形式为埋弧焊、气体保护焊等。手工焊条电弧焊作业操作灵活，适用于在施工现场实地制作生产。焊接连接的主要缺点是易引起结构的残余变形与内应力，质量检验较复杂，对钢材的质量要求也较高。

钢结构钢材之间的焊接形式主要有正接填角焊缝、搭接填角焊缝、对接焊缝、边缘焊缝及塞焊缝等，如图 4-1 所示。

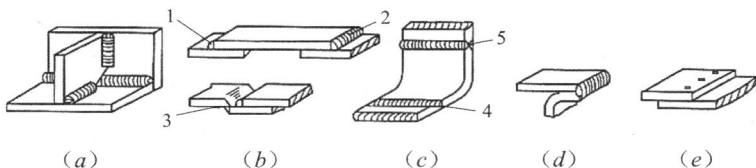

图 4-1　钢结构的焊接形式

（a）正接填角焊缝；（b）搭接填角焊缝；（c）对接焊缝；

（d）边缘焊缝；（e）塞焊缝

1—双面式；2—单面式；3—插头式；4—单面对接；5—双面对接

（2）螺栓连接

螺栓连接是目前应用最为广泛的一种可拆卸连接，广泛运用于房屋建筑、预埋安装、建筑机械等。根据钢结构连接用螺栓的性能等级不同，螺栓连接又分为普通螺栓连接和高强度螺栓连接。

1）普通螺栓连接

普通螺栓连接分为精制螺栓（A级与B级）和粗制螺栓（C级）连接。C级普通螺栓材质一般采用Q235钢制成，普通螺栓的强度等级为3.6～6.8级，直径为3～64mm。A级、B级精制螺栓在钢结构中使用很少。

2）高强度螺栓连接

高强度螺栓是钢结构连接的重要零件，它与普通螺栓连接的主要区别在于：普通螺栓拧紧螺母时产生的预紧力很小，由板面挤压产生的摩擦力可以忽略不计。普通螺栓抗剪切连接时是依靠孔壁承压和螺杆抗剪切来传力的。高强度螺栓除了其本身材料强度高以外，施工时还给螺杆施加很大的预紧力，使被连接构件的接触面之间产生很大的挤压力。因此，板面之间垂直于螺杆方向受剪切时会产生很大的摩擦接触面间的摩擦力来阻止其相互滑移，达到传力的目的。

高强度螺栓副应符合《紧固件机械性能 螺栓、螺钉和螺柱》GB/T 3098.1—2010和《紧固件机械性能 螺母》GB/T 3098.2—2015的规定，并应有性能等级符合标识及合格证书。

高强度螺栓按性能等级可分为8.8、9.8、10.9和12.9四个等级，直径一般为12～42mm，按受力状态可分为抗剪切螺栓和抗拉螺栓，其中抗剪切连接又分为摩擦型连接和承压型连接。

高强度螺栓的预紧力矩是保证螺栓连接质量的重要指标，它综合体现了螺栓、螺母和垫圈组合的安装质量。在进行钢结构安装时必须按规定的预紧力矩数值拧紧。除此以外，高强度螺栓在使用过程中还应注意以下几点：

① 使用前，应对高强度螺栓进行全面检查，核对其规格、等级标志，检查螺栓、螺母及垫圈有无损坏，其连接表面应清除灰尘、油漆、油迹和锈蚀。

② 螺栓、螺母、垫圈配合使用时，高强度螺栓绝不允许采用弹簧垫圈，必须使用平垫圈，塔身高强度螺栓必须采用双螺母防松。

③ 高强度螺栓安装穿插方向宜采用自下而上穿插，即螺母在上面。

④ 应使用力矩扳手或专用扳手，按使用说明书要求拧紧。

⑤ 拆下将再次使用的高强度螺栓的螺杆、螺母必须无任何损伤、变形、滑牙、缺牙、锈蚀及螺栓粗糙度变化较大等现象，否则禁止用于受力构件的连接。

⑥ 高强度螺栓、螺母使用后拆卸再次使用，一般不得超过二次。

（3）铆接连接

铆接连接是一种较古老的连接方式，优点是连接的塑性和韧性较好，质量便于检查，适用于直接承受动荷载的钢结构的连接；由于铆接连接因制造费工费时，用料较多及结构重量较大，现已很少采用。只有在钢材的焊接性能较差时，或在主要承受动力载荷的重型结构中才采用（如：桥梁、吊车梁等）。在建筑工程和建筑机械的钢结构中一般不用铆接连接。

4.4 钢桁架结构

所谓的桁架是指由直杆组成的一般具有三角形单元的平面或空间结构。在荷载作用下，桁架杆件主要承受轴向拉力或压力，从而能充分利用材料的强度，在跨度较大时可比实腹梁节省材料，减轻自重和增大刚度，故适用于较大跨度的承重结构和高耸结构，如屋架、桥梁、输电线路塔、卫星发射塔、水工闸门和起重机架等。

建筑起重机械的架体无论采用杆件现场拼装还是标准节连接，也不论是采用方形还是三角形断面，通常都属于桁架结构，由 4 根或 3 根主肢和若干缀板（条）组成，也称为格构柱构造，如图 4-2 所示。

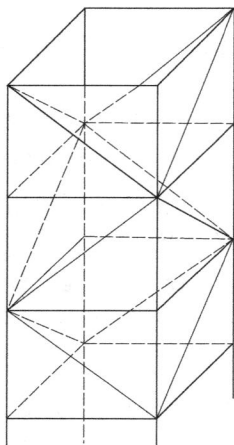

图 4-2　格构式桁架柱

桁架按外形分有三角形桁架、梯形桁架、多边形桁架、平行弦桁架和空腹桁架。钢桁架杆件的连接方式有铆钉、销钉及焊缝等形式，桁架结构有以下结构特点：

（1）足够承载力，通常不发生断裂或塑性变形；

（2）足够刚性，一般不发生过大的弹性变形；

（3）足够稳定性，不易发生因平衡形式的突然转变而导致坍塌；

（4）良好的动力学特性，具有较好的抗震、抗风性；

（5）如图 4-3 所示，桁架中的杆件大部分只受轴向拉力和压力，各节点可假设为铰接，次应力可不计算，通过对上下弦杆和腹杆的合理布置，可适应结构内部的弯矩和剪力分布。

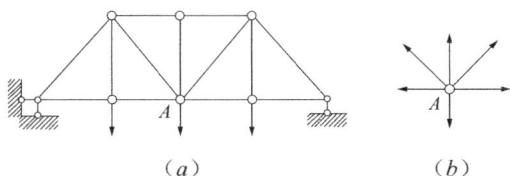

图 4-3　桁架的节点杆件的受力情况

（a）桁架所受外力；　（b）节点 A 的内力

4.5　钢结构的破坏形式

钢材可能发生的破坏形式有塑性破坏、脆性断裂破坏、疲劳破坏和损伤累积破坏。对钢结构来说，除了上述破坏形式以外，还有由系统本身引起的稳定破坏。

因此，钢结构的可能破坏形式有：结构的脆性断裂，结构的疲劳破坏，结构的损伤累积破坏等。

5 起重吊装基础知识

起重机械的种类有很多，在建筑工程施工中常用的起重机械主要有起重卷扬机、物料提升机、施工升降机、塔式起重机以及流动式起重机等。

5.1 吊钩和吊环

用来连接起重机和被起吊的物品的装置统称为取物装置，吊钩和吊环是应用最为广泛的取物装置。吊钩和吊环若使用不当，容易造成损坏和折断而发生重大事故，因此，在起重吊装作业过程中必须加强对吊钩和吊环经常性的安全技术检验。

5.1.1 吊钩的种类

吊钩在使用时挂卸绑绳方便，是起重机和起重滑车的重要组成部分。吊钩根据制造方法不同，可分为锻造吊钩和片式吊钩；根据外形不同，锻造吊钩又可分为单钩和双钩，如图 5-1 (a)、(b) 所示。单钩一般用于小起重量，双钩多用于较大的起重量。吊钩按钩身（弯曲部分）的断面形状可分为：圆形、矩形、梯形和 T 字形断面吊钩。

锻造吊钩材料采用优质低碳镇静钢或低碳合金钢，如 20 优质低碳钢、16Mn、20MnSi、36MnSi。片式吊钩由若干片厚度不小于 20mm 的 Q235、20 优质碳素钢或 16Mn 的钢板铆接起来。片式吊钩也有单钩和双钩之分，如图 5-1 (c)、(d) 所示。

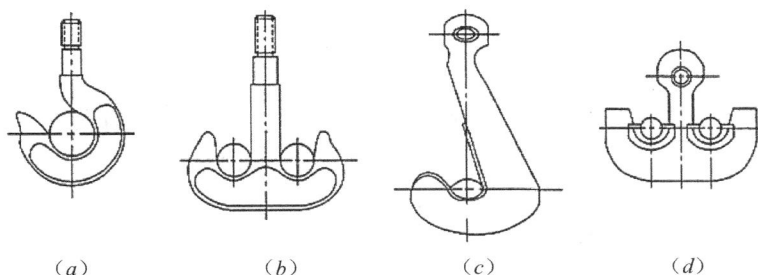

图 5-1　吊钩的种类

（a）锻造单钩；　（b）锻造双钩；　（c）片式单钩；　（d）片式双钩

片式吊钩不会发生突然断裂，因为缺陷造成的损坏一般只局限于个别钢板，剩余的钢板仍然能支持吊重，因此，片式吊钩比锻造吊钩具有更好的安全性。损坏的钢板可以更换，不像锻造吊钩，一旦损坏就要整体报废。单片式吊钩由于钩深横断面不如锻造吊钩合理，因而自重较大。

5.1.2　吊钩安全技术要求

吊钩应有出厂合格证明，在低应力区应有额定起重量标记。

（1）吊钩的危险断面

吊钩是起重机械重要的安全构件，使用前必须进行强度校核。吊钩钩身应力最大的截面称为吊钩的危险截面，单钩和双钩钩身危险截面如图 5-2 中的 1-2 截面和 3-4 截面所示。除了对钩身进行强度校核外，还应对钩柄进行强度校核。吊钩严禁超载使用。

（2）吊钩的检验

吊钩的检验一般先用煤油洗净钩身，然后用 20 倍放大镜检查钩身是否有疲劳裂纹，特别对危险断面的检查要认真、仔细。钩柱螺纹部分的退刀槽是应力集中处，要注意检查有无裂缝。对板钩还应检查衬套、销子、小孔、耳环及其他紧固件是否有松动、磨损现象。对一些大型、重型起重机的吊钩还应采用无损探伤法检验其内部是否存在缺陷。

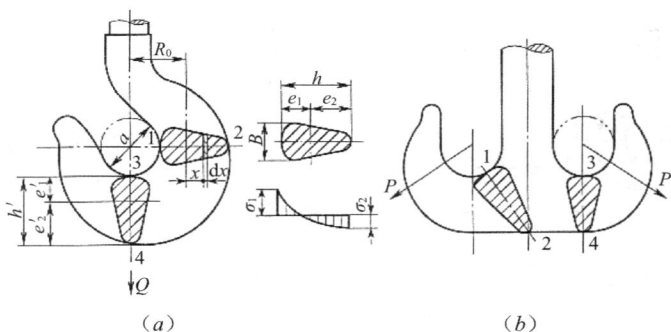

图 5-2　吊钩的危险截面

（a）单钩的危险截面　（b）双钩的危险截面

（3）吊钩的保险装置

吊钩必须装有可靠防脱棘爪（吊钩保险），防止工作时索具脱钩，如图 5-3 所示。

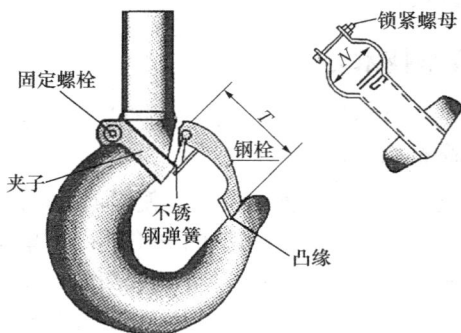

图 5-3　吊钩防脱棘爪

5.1.3　吊钩的报废

吊钩作为起吊重物的重要装置，其安全性应满足使用要求，在使用过程中吊钩禁止补焊。随着使用时间的延长，吊钩会出现磨损和疲劳。在使用中出现下列情况之一的，吊钩应予以报废：

（1）钩尾和螺纹部分等危险截面及钩筋有永久性变形；

（2）用 20 倍放大镜观察表面有裂纹；

（3）开口度比原尺寸增加 15%；

（4）挂绳处截面磨损量超过原高度的 10%；

（5）心轴磨损量超过其直径的 5%。

5.1.4 吊环

根据构造不同吊环分三种，即铰接吊环、整体吊环和圆环，如图 5-4 所示。

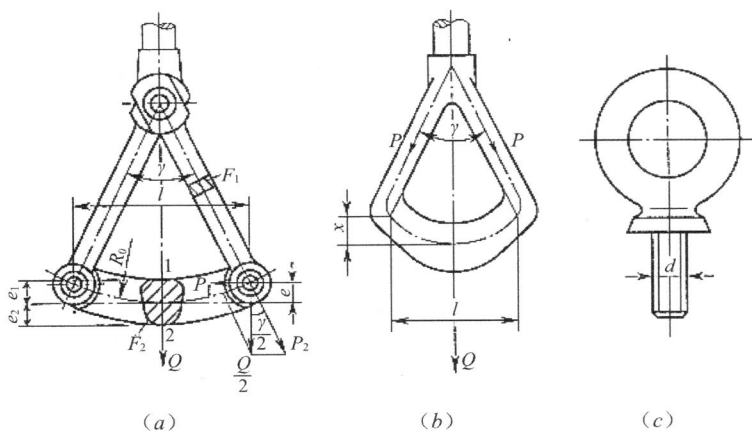

图 5-4 吊环的种类

（a）铰接吊环；（b）整体吊环；（c）圆环

图 5-4 中铰接吊环和整体吊环比吊钩质量小，受力好，承载能力大，故可用于起重量特别大的场合，但吊环吊装时系挂索具困难，故较少使用。

图 5-4（c）所示圆环吊环是设备安装吊运时经常使用的一种吊环，它是某些设备（如电动机、汽轮机内部的上、下隔板及轴瓦等）在安装或检查时，用来进行起吊的一种固定工具。这种吊环便于钢丝绳的系结，吊环的允许荷重，可根据吊环丝杆的直径

大小进行计算。

　　吊环的报废可参考吊钩进行。

5.2　卸扣、绳卡、螺旋扣

5.2.1　卸扣

　　卸扣又称卸卡、卡环，常用于千斤绳与千斤绳之间，千斤绳与滑车组等的固定或千斤绳与各种设备（材料件）的连接。因此，卸扣是起重工作中应用最广且较灵便的连接工具。

　　（1）卸扣的分类

　　卸扣的种类有很多，但都是由本体和横销两个部分组成。

　　卸扣按其外形分为直形和椭圆形，如图 5-5 所示。

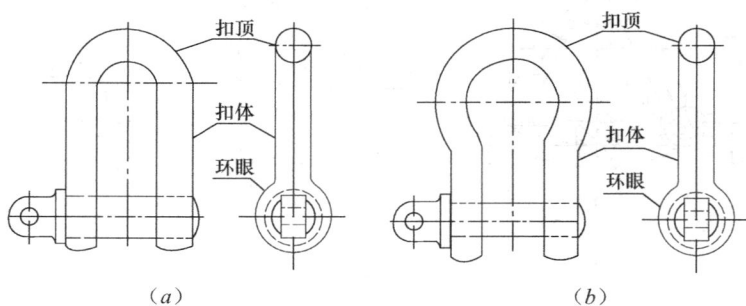

图 5-5　卸扣

（a）直形卸扣；（b）椭圆形卸扣

　　按活动销轴的形式可分为销子式和螺栓式，如图 5-6 所示。

　　卸扣一般都是锻造的，不能用铸造的方法制造，锻造卸扣的材料常用 20 号优质碳素钢，在锻造后必须经过准确的退火处理，以消除其残余的内应力，增加其韧性。

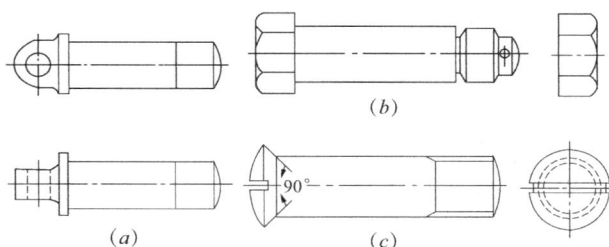

图 5-6 销轴的几种形式

（a）W 型，带有环眼和台肩的螺纹销轴；

（b）X 型，六角头螺栓、六角螺母和开口销； （c）Y 型，沉头螺钉

（2）卸扣使用注意事项

1）卸扣必须是锻造的，不能使用铸造和补焊的卡环。

2）使用时不得超过规定的荷载，应使销轴与扣顶受力，不能横向受力。横向使用会造成扣体变形。

3）不得从高处往下抛掷卸扣，以防止卸扣落地碰撞而变形和内部产生损伤及裂纹。

4）吊装时使用卸扣绑扎，在吊物起吊时应使扣顶在上销轴在下，如图 5-7 所示，使绳扣受力后压紧销轴，销轴因受力，在销孔中产生摩擦力，使销轴不易脱出。

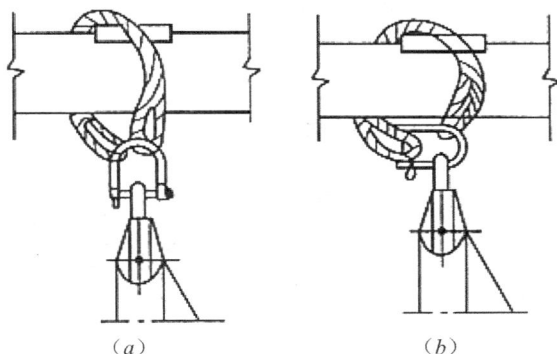

图 5-7 卸扣的使用示意图

（a）正确的使用方法； （b）错误的使用方法

（3）卸扣的报废

卸扣同吊钩、吊环一样，随着使用时间也会出现磨损、变形和疲劳，如果当卸扣出现以下情况之一时，就应予于报废：

1）卸扣出现裂纹；

2）本体变形达原尺寸的 10%；

3）磨损达原尺寸的 10%；

4）横销变形达原尺寸的 5%；

5）卸扣不能闭锁；

6）螺栓坏丝或滑丝。

5.2.2 绳卡

钢丝绳绳卡，也叫钢丝绳卡头或卡子。主要用于各种缆风绳绳头的固定，滑车组穿绕钢丝绳死头的固定，钢丝绳的临时连接及捆绑绳的固定等。

（1）绳卡的种类和形式

绳卡有两种形式：一种是 U 形卡子，另一种是 L 形（又叫握拳式）卡子。U 形卡子又分骑马式和压板式，其中骑马式连接力量最强，应用最广，是国家的标准件；压板式次之。握拳式由于没有底座，容易损伤钢丝绳，连接能力也较差，一般只用于缆风绳、牵引绳的连接。绳卡的外形如图 5-8 所示。

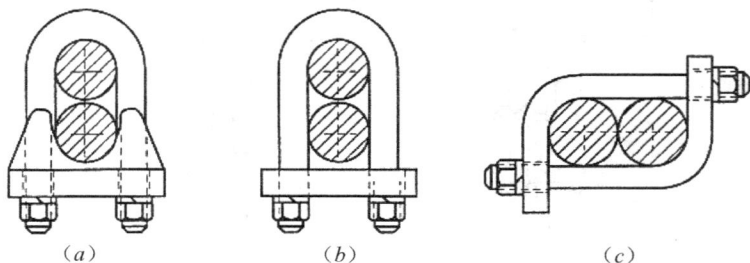

图 5-8 绳卡的种类和形式

（a）骑马式；（b）压板式；（c）握拳式

（2）绳卡使用时的注意事项

1）钢丝绳绳卡的大小，要适合钢丝绳的直径。每个钢丝绳绳卡之间的排列间距约为钢丝绳直径的 8 倍，根据钢丝绳直径的不同，卡头的间距一般为钢丝绳直径的 5～6 倍，其数量可参考表 5-1。

钢丝绳绳卡数量 表 5-1

绳卡规格（钢丝绳直径，mm）	≤ 18	18～26	26～36	36～44	44～60
绳卡最少数量（个）	3	4	5	6	7

2）使用钢丝绳绳卡时，应将 U 形环绕部分卡在绳头一边，如图 5-9 所示。这是因为 U 形环对钢丝绳的接触面小，使钢丝绳容易产生弯曲和损伤，如卡在主绳一边，则会影响主绳的抗拉强度，而卡在绳头一边，由于 U 形环使绳头弯曲，如有松动和滑移，绳头也不会从 U 形环中滑出，只是绳卡与主绳滑动，有利于安全生产。

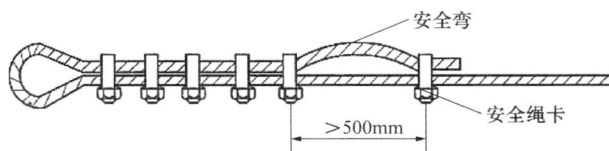

图 5-9　绳卡的正确使用

3）使用绳卡固定时，一定要把 U 形环螺帽拧紧，直到钢丝绳（活头）直径被压扁约 1/3 为止。为观察钢丝绳受力后是否有滑动现象，可采用增加一只安全绳卡的方法，如图 5-9 所示，安全绳卡安装在距最后一只绳卡约 0.5m 处，将绳头放出一段安全弯后再与主绳夹紧，这样，如果前面绳卡有滑动现象，安全弯就会被拉直，便于随时发现，及时加固。

4）在重要受力钢丝绳使用卡头夹紧连接时，绳卡头也可以正反两面夹紧，但绳索使用完时，这段钢丝绳就应截去，不能留作下次使用。

5）利用绳卡连接钢丝绳时，严禁采用单绳头直接对卡和中间加一钢筋卡紧，而要将绳头折回再夹紧。

6）重要受力钢丝绳上完绳卡受力后，要重新检查一遍绳卡的螺栓，对松动的螺帽或绳卡两旁受力不均匀的螺栓要继续拧紧。

7）钢丝绳卡头在使用后要检查螺栓螺纹有无损坏。暂不使用时，应在螺纹部位涂上防锈油，并放在干燥的地方，以防生锈。

5.2.3 螺旋扣

螺旋扣又称"花篮螺栓"，如图 5-10 所示，其主要用在张紧和松弛拉索、缆风绳等，故又被称为"伸缩节"。其形式有多种，尺寸大小则随负荷轻重而有所不同。其结构形式如图 5-11。

图 5-10　螺旋扣

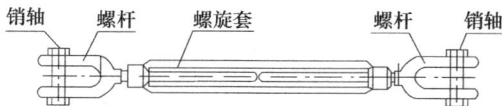

图 5-11　螺旋扣结构示意图

螺旋扣的使用应注意以下事项：
（1）使用时应钩口向下；
（2）防止螺纹轧坏；
（3）严禁超负荷使用；
（4）当长期不用时，应在螺纹上涂好防锈油脂以防生锈。

5.3 钢丝绳

钢丝绳是起重作业中必备的重要部件，广泛用于捆绑物体以及起重机的起升、牵引、缆风绳等。钢丝绳通常由多根钢丝捻成绳股，再由多股绳股围绕绳芯捻制而成，具有强度高、自重轻、弹性大等特点，能承受振动荷载，能卷绕成盘，能在高速下平稳运动且噪声小。

5.3.1 钢丝绳分类与标记

（1）钢丝绳分类

钢丝绳是由若干根优质钢丝首先捻制成股，然后再由若干股捻制成绳。根据股和绳的构造不同，钢丝绳可分为多种类型。按《重要用途钢丝绳》GB 8918—2006，钢丝绳分类如下：

1）按绳和股的断面、股数和股外层钢丝绳的数目分类，见表 5-2。

施工现场起重作业一般使用圆股钢丝绳，常见的断面形式如图 5-12、图 5-13 所示。

2）钢丝绳按捻法，分为右交互捻（ZS）、左交互捻（SZ）、右同向捻（ZZ）和左同向捻（SS）四种，如图 5-14 所示。

3）钢丝绳按绳芯不同，分为纤维芯和钢芯。纤维芯钢丝绳比较柔软，易弯曲，纤维芯可浸油作润滑、防锈，减少钢丝间的摩擦；金属芯的钢丝绳耐高温、耐重压，硬度大、不易弯曲。

常用的钢丝绳芯的代号：

FC——纤维芯；

NFC——天然纤维芯；

SFC——合成纤维芯；

WSC——金属丝绳芯；

IWRC——独立钢丝绳芯。

组别	类别	分类原则	典型结构		直径范围（mm）
			钢丝绳	股绳	
1	圆股钢丝绳	6 个 圆股，每股外层丝可到 7 根，中心丝（或无）外捻制 1 ～ 2 层钢丝，钢丝等捻距	6×7 6×9W	（6+1） （3/3+3）	2 ～ 36 14 ～ 36
2		6×19（a）	6 个 圆股，每股外层丝可到 8 ～ 12 根，中心丝外捻制 2 ～ 3 层钢丝，钢丝等捻距	6×19S 6×19W 6×25Fi 6×26WS 6×31WS	（9+9+1） （6/6+6+1） （12+6F+6+1） （10+5/5+5+1） （12+6/6+6+1）	6 ～ 36 6 ～ 41 14 ～ 44 13 ～ 41 12 ～ 46
		6×19（b）	6 个 圆股，每股外层丝 12 根，中心丝外捻制 2 层钢丝	6×19	（12+6+1）	3 ～ 46
3		6×37（a）	6 个 圆股，每股外层丝可到 14 ～ 18 根，中心丝外捻制 3 ～ 4 层钢丝，钢丝等捻距	6×29Fi 6×36SW 6×37S（点线接触） 6×41SW 6×49SWS 6×55SWS	（14+7F+7+1） （14+7/7+7+1） （15+15+6+1） （16+8/8+8+1） （16+8/8+8+1） （18+9/9+9+9+1）	10 ～ 44 12 ～ 60 10 ～ 60 32 ～ 60 36 ～ 60 36 ～ 64
		6×37（b）	6 个 圆股，每股外层丝 8 根，中心丝外捻制 3 层钢丝	6×37	（18+12+6+1）	5 ～ 66

组别	类别	分类原则	典型结构		直径范围（mm）
			钢丝绳	股绳	
4	8×19	8个圆股，每股外层丝可到8～12根，中心丝外捻制2～3层钢丝，钢丝等捻距	8×19S 8×19W 8×25Fi 8×26SW 8×31SW	（9+9+1） （6/6+6+1） （12+6F+6+1） （10+5/5+6+1） （12+6/6+6+1）	14～44 10～48 18～25 16～48 14～56
5	8×37	8个圆股，每股外层丝可到14～18根，中心丝外捻制3～4层钢丝，钢丝等捻距	8×36SW 8×41SW 8×49SWS 8×55SWS	（14+7/77+1） （16+8/8+8+1） （16+8/8+8+8+1） （16+9/9+9+9+1）	14～60 40～56 44～64 44～4
6	17×7	钢丝绳中有17个或18个圆股，在纤维芯或钢芯外捻制2层股	17×7 18×7 18×19W 18×19S 18×19	（6+1） （6+1） （6/6+6+1） （9+9+1） （12+6+1）	6～44 6～44 14～44 14～44 10～44
7	34×7	钢丝绳中有34个或36个圆股，在纤维芯或钢芯外捻制3层股	34×7 36×7	（6+1） （6+1）	16～44 16～44
8	6×24	6个圆股，每股外层丝12～16根，在纤维芯外捻制2层股	6×24 6×24S 6×24W	（15+9+FC） （12+12+FC） （8/8+8+FC）	8～40 10～44 10～44

圆股钢丝绳

81

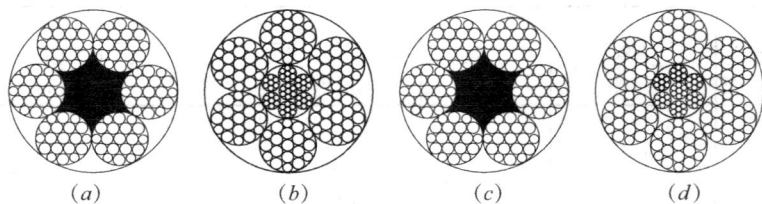

图 5-12　6×19 钢丝绳断面图
（a）6×19S+FC；（b）6×19S+IWR；
（c）6×19W+FC；（d）6×19W+IWR

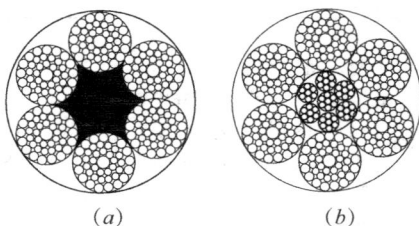

图 5-13　6×37S 钢丝绳断面图
（a）6×37S+FC；（b）6×37S+IWR

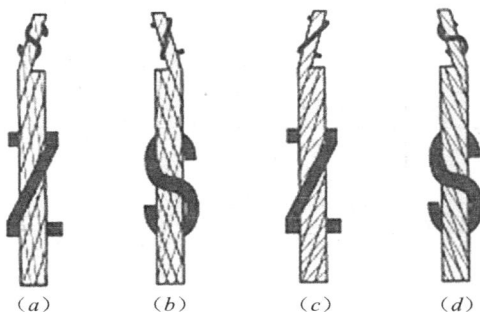

图 5-14　钢丝绳按捻法分类
（a）右交互捻；（b）左交互捻；（c）右同向捻；（d）左同向捻

（2）钢丝绳标记

根据《钢丝绳　术语、标记和分类》GB/T 8706—2017，钢丝绳的标记格式如图 5-15 所示。

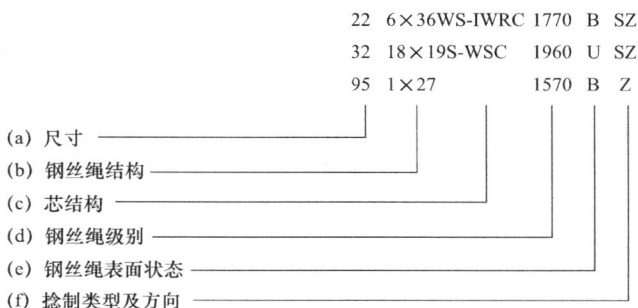

```
22  6×36WS-IWRC     1770  B  SZ
32  18×19S-WSC      1960  U  SZ
95  1×27           1570  B  Z
```

(a) 尺寸
(b) 钢丝绳结构
(c) 芯结构
(d) 钢丝绳级别
(e) 钢丝绳表面状态
(f) 捻制类型及方向

图 5-15　钢丝绳的标记示例

U——光面无镀层；

B——B 级镀层；

A——A 级镀层；

B（Zn/Al）——B 级锌合金镀层；

A（Zn/Al）——A 级锌合金镀层。

5.3.2　钢丝绳的选择与计算

（1）钢丝绳类型的选择

钢丝绳的使用场合及其常用型号见表 5-3。

钢丝绳的使用场合及其常用型号　　　　表 5-3

使用场合				常用型号
起升或全幅用	单层卷绕	吊钩及抓斗起重机	e	< 20	6×（31）6×（37）6W（36）6T（25）8T（25）
			≥ 20	6×（19）6W（19）8×（19）8W（19）6△（21）6△（24）
		起升高度大的起重机		多股不扭转 18×7·18×19
	多层卷绕			6×（19）6W（19）金属芯
牵引用	无导绕系统（不绕过滑轮）			1×19·6×19·6×37
	导绕系统（绕过滑轮）			与起升或变幅时间

（2）安全系数

在钢丝绳受力计算和选择钢丝绳时，考虑到钢丝绳受力不均、负荷不准确、计算方法不精确和使用环境较复杂等一系列不利因素，应给予钢丝绳一个储备能力。因此确定钢丝绳的受力时必须考虑一个系数，作为储备能力，这个系数就是钢丝绳的安全系数。起重用钢丝绳必须预留足够的安全系数，是基于以下因素确定的：

1）钢丝绳的磨损、疲劳破坏、锈蚀、不恰当使用、尺寸误差和制造质量缺陷等不利因素带来的影响；

2）钢丝绳的固定强度达不到钢丝绳本身的强度；

3）由于惯性及加速作用（如启动、制动、振动等）而造成的附加载荷的作用；

4）钢丝绳通过滑轮槽时的摩擦阻力作用；

5）吊重时的超载影响；

6）吊索及吊具的超重影响；

7）钢丝绳在绳槽中反复弯曲而造成的危害的影响。钢丝绳的安全系数是不可缺少的安全储备，绝不允许凭借这种安全储备而擅自提高钢丝绳的最大允许安全载荷，钢丝绳的安全系数见表 5-4。

钢丝绳的安全系数 表 5-4

用途	安全系数	用途	安全系数
作缆风	3.5	作吊索、无弯曲时	6～7
用于手动起重设备	4.5	作捆绑吊索	8～10
用于机动起重设备	5～6	用于载人的升降机	14

（3）钢丝绳的允许拉力计算

钢丝绳的允许拉力是钢丝绳实际工作中所允许的实际载荷，其与钢丝绳的最小破断拉力和安全系数关系式为：

$$[F] = F_0/K \qquad (5-1)$$

式中 $[F]$ ——钢丝绳允许拉力（kN）；

F_0——钢丝绳最小破断拉力（kN）；

K——钢丝绳的安全系数。

【例 5-1】 一规格为 6×19S+FC，钢丝绳的公称抗拉强度 1570MPa，直径为 16mm 的钢丝绳，试确定使用单根钢丝绳作捆绑吊索所允许吊起的重物的最大重量。

【解】 已知钢丝绳规格为 6×19S+FC，$R_0 = 1570MPa$，$D = 16mm$。

查《重要用途钢丝绳》GB 8918—2006 表 10 可知，

$F_0 = 133kN$。

根据题意，该钢丝绳属于用作捆绑吊索，查表 2-2 知，$K = 8$，根据式（5-1），得

$$[F] = F_0/K = 133/8 = 16.625kN$$

该钢丝绳作捆绑吊索所允许吊起的重物的最大重量为 16.625kN。

在起重作业中，钢丝绳所受的应力很复杂，虽然可用数学公式进行计算，但因实际使用场合下计算时间有限，且也没有必要算得十分精确。因此人们常用估算法：

使用允许拉力：

$$P \approx 50D^2/K \tag{5-2}$$

式中 P——钢丝绳使用近似允许拉力（kgf）；

D——钢丝绳直径（mm）；

K——钢丝绳的安全系数。

【例 5-2】 选用一根直径为 16mm 的钢丝绳，用于吊索，设定安全系数为 8，试问它的允许使用拉力为多少？

【解】 已知 $D = 16mm$，$K = 8$，根据式（5-2），得

$$P = 50D^2/K = 50 \times 16^2/8 = 1600kgf$$

该钢丝绳的允许使用拉力为 1600kgf。

（4）选用原则

钢丝绳的选用应遵循下列原则：

1）能承受所要求的拉力，保证足够的安全系数；

2）能保证钢丝绳受力不发生扭转；

3）耐疲劳，能承受反复弯曲和振动作用；

4）有较好的耐磨性能；

5）与使用环境相适应：高温或多层缠绕的场合宜选用金属芯；高温、腐蚀严重的场合宜选用石棉芯；有机芯易燃，不能用于高温场合；

6）必须有产品检验合格证。

（5）钢丝绳的存储

1）运输过程中，应注意不要损坏钢丝绳表面。

2）钢丝绳应储存于干燥而有木地板或沥青、混凝土地面的仓库里，以免腐蚀。在堆放时，成卷的钢丝绳应竖立放置（即卷轴与地面平行），不得平放。

3）必须在露天存放时，地面上应垫木方，并用防水毡布覆盖。

（6）钢丝绳的松卷

1）在整卷钢丝绳中引出一个绳头并拉出一部分重新盘绕成卷时，松绳的引出方向和重新盘绕成卷的绕行应保持一致，不得随意抽取，以免形成圈套和死结。如图 5-16 所示。

正确　　　　　　　　　　不正确

正确　　　　　　　　　　不正确

图 5-16　钢丝绳的松卷

2）当由钢丝绳卷直接往起升机构卷筒上缠绕时，应把整卷钢丝绳架在专用的支架上，松卷时的旋转方向应与起升机构卷筒上绕绳的方向一致；卷筒上绳槽的走向应同钢丝绳的捻向相适应。

3）在钢丝绳松卷和重新缠绕过程中，应避免钢丝绳与污泥接触，以防止钢丝绳生锈。

4）钢丝绳严禁与电焊线碰触。

（7）钢丝绳的截断

在截断钢丝绳时，宜使用专用刀具或砂轮锯截断，较粗钢丝绳可用乙炔切割。如图 5-17 所示，截断钢丝绳时，要在截分处进行扎结，扎结绕向必须与钢丝绳股的绕向相反，扎结须紧固，以免钢丝绳在断头处松开。

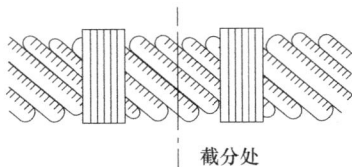

截分处

图 5-17　钢丝绳的扎结与截断

缠扎宽度随钢丝绳直径大小而定，直径为 15 ～ 24mm，扎结宽度应不小于 25mm；对直径为 25 ～ 30mm 的钢丝绳，其缠扎宽度应不小于 40mm；对于直径为 31 ～ 44mm 钢丝绳，其扎结宽度不得小于 50mm；直径为 45 ～ 51mm 的钢丝绳，扎结长度不得小于 75mm。扎结处与截断口之间的距离应不小于 50mm。

（8）钢丝绳的穿绕

钢丝绳的使用寿命，在很大程度上取决于穿绕方式是否正确，因此，要由训练有素的技工细心地进行穿绕，并应在穿绕时将钢丝绳涂满润滑脂。

穿绕钢丝绳时，必须注意检查钢丝绳的捻向。如起升钢丝绳向必须与起升卷筒上的钢丝绳绕向相反。

5.3.3 钢丝绳的固定与连接

钢丝绳与其他零构件连接或固定应注意连接或固定方式与使用要求相符，连接或固定部位应达到相应的强度和安全要求。常用的连接和固定方式有以下几种，如图 5-18 所示。

（1）编结连接，如图 5-18（a）所示，编结长度不应小于钢丝绳直径的 15 倍，且不应小于 300mm；连接强度不小于 75% 钢丝绳破断拉力。

（2）楔块、楔套连接，如图 5-18（b）所示，钢丝绳一端绕过楔块，利用楔块在套筒内的锁紧作用使钢丝绳固定。固定处的强度约为绳自身强度的 75% ～ 85%。楔套应用钢材制造，连接强度不小于 75% 钢丝绳破断拉力。

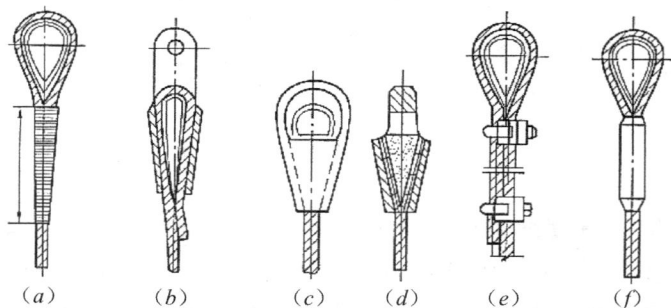

图 5-18　钢丝绳固接
（a）编结连接；（b）楔块、楔套连接；（c）、（d）锥形套浇铸法；
（e）绳夹连接；（f）铝合金套压缩法

（3）锥形套浇铸法，如图 5-18（c）、（d）所示，先将钢丝绳拆散，切去绳芯后插入锥套内，再将钢丝绳末端弯成钩状，然后灌入熔融的铅液，最后经过冷却即成。

（4）绳夹连接，如图 5-18（e）所示，绳夹连接简单、可靠，被广泛应用。用绳夹（图 5-19）固定时，应注意绳夹数量、绳夹间距、绳夹的方向和固定处的强度；连接强度不小于 85% 钢丝绳破断拉力；绳夹数量应根据钢丝绳直径满足表 5-1 的要求；绳卡压板应在钢丝绳长头一边，绳卡间距不应小于钢丝绳直径的 6 倍。

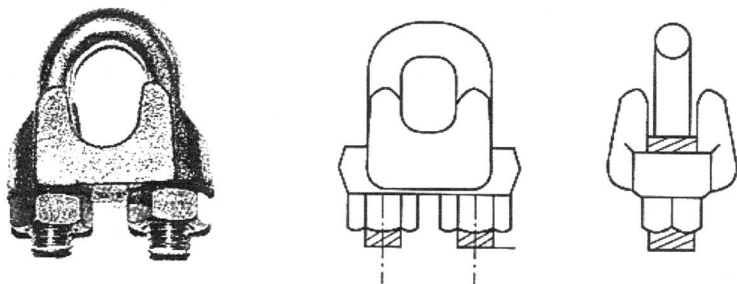

图 5-19　钢丝绳夹

（5）铝合金套压缩法，如图 5-18（f）所示，钢丝绳末端穿过锥形套筒后松散钢丝，将头部钢丝弯成小钩，浇入金属液凝固而成。其连接应满足相应的工艺要求，固定处的强度与钢丝绳自身的强度大致相同。

5.3.4　钢丝绳的使用、维护与保养

（1）钢丝绳在卷筒上，应按顺序整齐排列。

（2）载荷由多根钢丝绳支承时，应设有各根钢丝绳受力的均衡装置。

（3）起升高度较大的起重机，宜采用不旋转、无松散倾向的钢丝绳。采用其他钢丝绳时，应有防止钢丝绳和吊具旋转的装置或措施。

（4）起升机构和变幅机构，不得使用编结接长的钢丝绳。使用其他方法接长钢丝绳时，必须保证接头连接强度不小于钢丝绳破断拉力的 90%。

（5）当吊钩处于工作位置最低点时，钢丝绳在卷筒上的缠绕，除固定绳尾的圈数外，必须不少于 3 圈。

（6）领取钢丝绳时，必须检查该钢丝绳的合格证，以保证机械性能、规格符合设计要求。钢丝绳在使用前应根据相关标准进行质量检查，包括外观检查。

（7）钢丝绳开卷时，应防止打结或扭曲；钢丝绳切断时，应有防止绳股散开的措施。

（8）安装钢丝绳时，不应在不洁净的地方拖线，也不应缠绕在其他的物体上，应防止划、磨、碾、压和过度弯曲。

（9）钢丝绳应避免与电焊导线或其他电线接触，当有可能相碰时，应预先采取防护措施。

（10）钢丝绳通过架空输电线上方时，应搭设牢固的竹（木）过线桥架。在架空电线的一侧或下方工作时，钢丝绳与架空输电线的安全距离应符合表 5-5 的规定：

钢丝绳与架空输电线的安全距离 表 5-5

输电导线电压（kV）	1 以内	1 ~ 15	20 ~ 40	60 ~ 110	220 以内
安全距离（m）	1.5	3	4	5	6

（11）钢丝绳在与硬物或被吊物品的棱角接触处，应用木板或麻袋等物垫好，以免损伤钢丝绳。

（12）钢丝绳在使用过程中，如发现有油渗出，说明受力过大，应停止工作，进行检查或更换钢丝绳。

（13）对日常使用的钢丝绳每天都应进行检查，包括对端部的固定连接、平衡滑轮处的检查，并作出安全性的判断。应防止损伤、腐蚀或其他物理、化学因素造成的性能降低。

（14）为延长钢丝绳的使用寿命，一般规定使用和存储钢丝绳时，要定期涂刷保护油。对长期使用的钢丝绳，至少每隔 4 个月要涂刷一次；对短期使用，使用时间不超过一年的，原则上使用前涂刷一次即可。对于入库存储的钢丝绳，除了预先将钢丝绳表面污垢清除干净并涂刷一层防护油外，还应把钢丝绳轻松卷成圆盘，平放于木板台上，并置于干燥通风处。

5.3.5 钢丝绳的检验检查

由于起重钢丝绳在使用过程中经常反复受到拉伸、弯曲，当拉伸、弯曲的次数超过一定数值后，会使钢丝绳出现一种叫"金属疲劳"的现象，于是钢丝绳开始很快地损坏。同时当钢丝绳受力伸长时钢丝绳之间产生摩擦，绳与滑轮槽底、绳与起吊件之间的摩擦等，使钢丝绳使用一定时间后就会出现磨损、断丝现象。此外，由于使用、贮存不当，也可能造成钢丝绳的扭结、退火、变形、锈蚀、表面硬化和松捻等。钢丝绳在使用期间，一定要按规定进行定期检查，及早发现问题，及时保养或者更换报废，保证钢丝绳的安全使用。钢丝绳的检查包括外部检查与内部检查两部分。

（1）钢丝绳外部检查

1）直径检查：直径是钢丝绳极其重要的参数。通过对直径测量，可以反映该处直径的变化速度、钢丝绳是否受到过较大的冲击载荷、捻制时股绳张力是否均匀一致、绳芯对股绳是否保持了足够的支撑能力。钢丝绳直径应用带有宽钳口的游标卡尺测量。其钳口的宽度要足以跨越两个相邻的股，如图 5-20 所示。

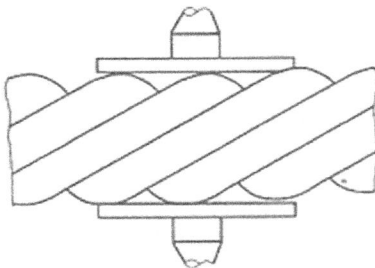

图 5-20　钢丝绳直径测量方法

2）磨损检查：钢丝绳在使用过程中产生磨损现象不可避免。通过对钢丝绳磨损检查，可以反映出钢丝绳与匹配轮槽的接触状况，在无法随时进行性能试验的情况下，根据钢丝磨损程度的大小推测钢丝绳实际承载能力。钢丝绳的磨损情况检查主要靠目测。

3）断丝检查：钢丝绳在投入使用后，肯定会出现断丝现象，尤其是到了使用后期，断丝发展速度会迅速上升。由于钢丝绳在使用过程中不可能一旦出现断丝现象即停止继续运行，因此，通过断丝检查，尤其是对一个捻距内断丝情况检查，不仅可以推测钢丝绳继续承载的能力，而且根据出现断丝根数发展速度，间接预测钢丝绳使用疲劳寿命。钢丝绳的断丝情况检查主要靠目测计数。

4）润滑检查：通常情况下，新出厂钢丝绳大部分在生产时已经进行了润滑处理，但在使用过程中，润滑油脂会流失减少。鉴于润滑不仅能够对钢丝绳在运输和储存期间起到保护作用，而且能够减少钢丝绳使用过程中钢丝之间、股绳之间和钢丝绳与匹配轮槽之间的摩擦，对延长钢丝绳使用寿命十分有益，因此，为把腐蚀、摩擦对钢丝绳的危害降低到最低程度，进行润滑检查十分必要。钢丝绳的润滑情况检查主要靠目测。

（2）钢丝绳内部检查

对钢丝绳进行内部检查要比进行外部检查困难得多，但由于内部损坏（主要由锈蚀和疲劳引起的断丝）隐蔽性更大，为保证钢丝绳安全使用，必须在适当的部位进行内部检查。

如图 5-21 所示，检查时将两个尺寸合适的夹钳相隔100 ～ 200mm 夹在钢丝绳上反方向转动，股绳便会脱起。操作时，必须十分仔细，以避免股绳被过度移位造成永久变形（导致钢丝绳结构破坏）。

如图 5-22 所示，小缝隙出现后，用螺钉旋具之类的探针拨动股绳并把妨碍视线的油脂或其他异物拨开，对内部润滑、钢丝锈蚀、钢丝及钢丝间相互运动产生的磨痕等情况进行仔细检查。检查断丝，一定要认真，因为钢丝断头一般不会翘起而不容易被发现。检查完毕后，稍用力转回夹钳，以使股绳完全恢复到原来位置。如果上述过程操作正确，钢丝绳不会变形。对靠近绳端的绳段特别是对固定钢丝绳应加以注意，诸如支持绳或悬挂绳。

图 5-21　对一段连续钢丝绳作内部检验（张力为零）

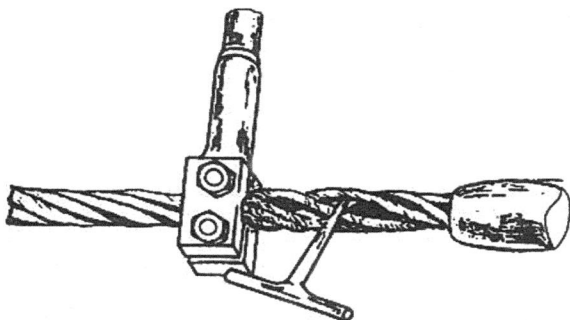

图 5-22　对靠近绳端装置的钢丝绳尾部作内部检验（张力为零）

（3）钢丝绳使用条件检查

前面叙述的检查仅是对钢丝绳本身而言，这只是保证钢丝绳安全使用要求的一个方面。除此之外，还必须对与钢丝绳使用的外围条件（如匹配轮槽的表面磨损情况、轮槽几何尺寸及转动灵活性等）进行检查，以保证钢丝绳在运行过程中与其始终处于良好的接触状态、运行摩擦阻力最小。

5.3.6　钢丝绳的破坏与报废

新的钢丝绳在正常情况下使用是不会发生突然破断的，起重机钢丝绳或起重作业中使用的钢丝绳的损坏是在使用过程中逐渐形成的。使用中钢丝绳的受力情况比较复杂，其破坏形式主要有断丝、磨损、腐蚀和变形等。钢丝绳在使用过程中应保证足够的安全余量，在出现断丝、磨损、腐蚀、变形等情况后，就会使安全余量降低，在不能保证足够的安全余量的情况下，应及时报废和更换，以免由于使用中钢丝绳突然破断造成严重事故。

（1）钢丝绳断丝

钢丝绳经过一定时间的使用，其表面的钢丝发生磨损和弯曲疲劳，使钢丝绳表层的钢丝逐渐折断，折断的钢丝数量越多，其他未断的钢丝承担的拉力越大，疲劳与磨损愈甚，促使断丝速度加快，这样便形成恶性循环。当断丝发展到一定程度，保证不了钢丝绳的安全性能，届时钢丝绳不能继续使用，则应予以报废。

钢丝绳使用的安全程度由断丝的性质和数量、绳端断丝、断丝的局部聚集、断丝的增加率、绳股断裂、绳径减小、弹性降低、外部磨损、外部及内部腐蚀、变形、由于受热或电弧的作用而引起的损坏等项目判定。对钢丝绳可能出现缺陷的典型示例，在《起重机 钢丝绳 保养、维护、检验和报废》GB/T 5972—2016 中作了详细的说明，见附录 B。

对于 6 股和 8 股的钢丝绳，断丝主要发生在外表。而对于多层绳股的钢丝绳，断丝大多数发生在内部，因而是"不可见的"断裂。因此，在检查断丝数时，应综合考虑断丝的部位、局部聚集程度和断丝的增长趋势，以及该钢丝绳是否用于危险品作业等因素。对钢制滑轮上工作的抗扭钢丝绳中断丝根数达到表 5-6 的数值，应报废。如果钢丝绳锈蚀或磨损时，不同种类的钢丝绳应将表 5-6 断丝数按表 5-7 折减，并按折减后的断丝数作为判断报废的依据。

机构工作级别 M1、M2、M3、M4		机构工作级别 M5、M6、M7、M8	
长度范围		长度范围	
≤ 6d	≤ 30d	≤ 6d	≤ 30d
2	4	4	8

注: 1. 可见断丝数, 一根断丝可能有两处可能有两处可见端;

2. 长度范围, d 为钢丝绳公称直径。

锈蚀或磨损的折减系数表　　　　表 5-7

钢丝表面磨损或锈蚀量（%）	10	15	20	25	30 ～ 40	>40
折减系数（%）	85	75	70	60	50	0

（2）绳端断丝

当绳端或其附近出现断丝时，即使数量很少也表明该部位应力很高，可能是由于绳端安装不正确造成的，应查明损坏原因。如果绳长允许，应将断丝的部位切去重新合理安装。

（3）断丝的局部聚集

如果断丝紧靠一起形成局部聚集，则钢丝绳应报废。如这种断丝聚集在小于 6d 的绳长范围内，或者集中在任一支绳股里，那么，即使断丝数比表 5-6 的数值少，钢丝绳也应予报废。

（4）断丝的增加率

在某些使用场合，疲劳是引起钢丝绳损坏的主要原因，断丝则是在使用一个时期以后才开始出现，但断丝数逐渐增加，其时间间隔越来越短。为了判定断丝的增加率，应仔细检验并记录断丝增加情况。根据这个"规律"可用来确定钢丝绳未来报废的日期。

（5）绳股断裂

如果出现整根绳股的断裂，则钢丝绳应予以报废。

（6）由于绳芯损坏而引起的绳径减小

绳芯损坏导致绳径减小可由下列原因引起:内部磨损和压痕;

由钢丝绳中各绳股和钢丝之间的摩擦引起的内部磨损，尤其当钢丝绳经受弯曲时更是如此；纤维绳芯的损坏；钢丝芯的断裂；多层股结构中内部股的断裂。

如果这些因素引起钢丝绳实测直径（互相垂直的两个直径测量的平均值）相对公称直径减小 3%（对于抗扭钢丝绳而言）或减少 10%（对于其他钢丝绳而言），即使未发现断丝该钢丝绳也应予以报废。微小的损坏，特别是当所有各绳股中应力处于良好平衡时，用通常的检验方法可能是不明显的。然而这种情况会引起钢丝绳的强度大大降低。所以，有任何内部细微损坏的迹象时，均应对钢丝绳内部进行检验予以查明。一经证实损坏，该钢丝绳就应报废。

（7）弹性减小

在某些情况下（通常与工作环境有关），钢丝绳的弹性会显著降低，若继续使用则是不安全的。弹性降低通常伴随下述现象：绳径减小；钢丝绳捻距增大；由于各部分相互压紧，钢丝之间和绳股之间缺少空隙；绳股凹处出现细微的褐色粉末；虽未发现断丝，但钢丝绳明显的不易弯曲和直径减小，比起单纯是由于钢丝磨损而引起的直径减小要严重得多。这种情况会导致在动载作用下钢丝绳突然断裂，故应立即报废。

（8）外部磨损

钢丝绳外层绳股的钢丝表面的磨损，是由于它在压力作用下与滑轮绳或卷筒的绳槽接触摩擦造成的。这种现象在吊载加速或减速运动时，在钢丝绳与滑轮接触的部位特别明显，并表现为外部钢丝磨成平面状。

润滑不足、不正确的润滑以及还存在灰尘和砂粒都会加剧磨损。

磨损使钢丝绳的断面积减小而强度降低。当钢丝绳直径相对于公称直径减小 7% 或更多时，即使未发现断丝，该钢丝绳也应报废。

（9）外部及内部腐蚀

钢丝绳在海洋或工业污染的大气中特别容易发生腐蚀，腐蚀不仅使钢丝绳的金属断面减少导致破断强度降低，还将引起表面粗糙、产生裂纹从而加速疲劳。严重的腐蚀还会降低钢丝绳弹性。

外部钢丝的腐蚀可用肉眼观察，内部腐蚀较难发现，但下列现象可供参考：一是钢丝绳直径的变化。钢丝绳在绕过滑轮的弯曲部位直径通常变小。但对于静止段的钢丝绳则常由于外层绳股出现锈蚀而引起钢丝绳直径的增加。二是钢丝绳外层绳股间的空隙减小，还经常伴随出现外层绳股之间断丝。

如果有任何内部腐蚀的迹象，应对钢丝绳进行内部检验；若有严重的内部腐蚀，则应立即报废。

（10）变形

钢丝绳失去正常形状产生可见的畸形称为"变形"。这种变形会导致钢丝绳内部应力分布不均匀。钢丝绳的变形从外观上区分，主要可分下述几种：

1）波浪形，波浪形的变形是钢丝绳的纵向轴线成螺旋线形状，如图 5-23 所示。这种变形不一定导致任何强度上的损失，但如变形严重即会产生跳动造成不规则的传动。时间长了会引起磨损及断丝。出现波浪形时，在钢丝绳长度不超过 $25d$ 的范围内，若 $d_1 \geqslant 4d/3$（式中 d 为钢丝绳变形后包络的直径），则钢丝绳应报废。

图 5-23　波浪形变形
（a）波浪形；（b）变形包络直径

2）笼状畸变，这种变形出现在具有钢芯的钢丝绳上，当外层绳股发生脱节或者变得比内部绳股长的时候就会发生这种变形，如图 5-24 所示。笼状畸变的钢丝绳应立即报废。

3）绳股挤出，这种变形通常伴随笼状畸变一起产生，如

图 5-25 所示。绳股被挤出说明钢丝绳不平衡。绳股挤出的钢丝绳应立即报废。

图 5-24 笼状畸变

图 5-25 绳股挤出

4）钢丝挤出，此种变形是一部分钢丝或钢丝束在钢丝绳背着滑轮槽的一侧拱起形成环状，如图 5-26（a）所示。这种变形常因冲击载荷而引起。若此种变形严重时，如图 5-26（b）所示，则钢丝绳应报废。

（a）

（b）

图 5-26 钢丝挤出
（a）钢丝从一绳股中挤出；（b）钢丝从多股中挤出

5）绳径局部增大，如图 5-27 所示。钢丝绳直径有可能发生局部增大，并能波及相当长的一段钢丝绳。绳径增大通常与绳芯畸变有关，如图 5-27（a）所示，是由钢芯畸变引起的绳径局部增大；如图 5-27（b）所示，是由纤维芯因受潮膨胀引起绳径局部增大。绳径局部增大的必然结果是外层绳股产生不平衡，而造成定位不正确，应报废。

（a）   （b）

图 5-27　绳径局部增大
（a）由钢芯畸变引起；（b）由纤维芯变质引起

6）扭结，是由于钢丝绳成环状在不可能绕其轴线转动的情况下被拉紧而造成的一种变形，如图 5-28 所示。其结果是出现捻距不均而引起格外的磨损，严重时钢丝绳将产生扭曲，以致只留下极小一部分钢丝绳强度。如图 5-28（a）所示，是由于钢丝绳搓捻过紧而引起纤维芯突出；如图 5-28（b）所示钢丝绳在安装时已扭结，安装使用后产生局部磨损及钢丝绳松弛。严重扭结的钢丝绳应立即报废。

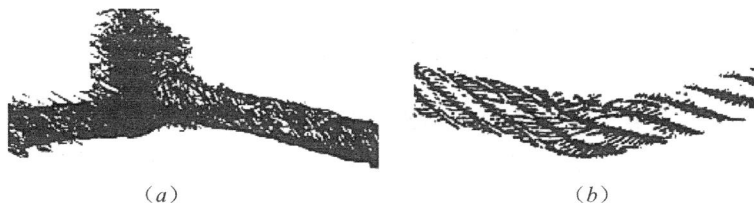

（a）   （b）

图 5-28　扭结
（a）纤维芯突出；（b）钢丝绳松弛

7）绳径局部减小，如图 5-29 所示，钢丝绳直径的局部减小常常与绳芯的断裂有关。应特别仔细检查靠绳端部位有无此种变形。绳径局部严重减小的钢丝绳应报废。

图 5-29　绳径局部减小

8）部分被压扁，如图 5-30 所示，钢丝绳部分被压扁是由于机械事故造成的。严重时，则钢丝绳应报废。

（a）　　　　　　　　　　　　　　　　（b）

图 5-30　钢丝绳被压扁
（a）部分被压扁；（b）多股被压扁

9）弯折，如图 5-31 所示，弯折是钢丝绳在外界影响下引起的角度变形。这种变形的钢丝绳应立即报废。

图 5-31　弯折

（11）由于受热或电弧的作用而引起的损坏
钢丝绳经受特殊热力作用其外表出现颜色变化时应报废。

5.3.7　物料提升机钢丝绳损坏的常见原因

物料提升机钢丝绳损坏的常见原因主要有以下几个方面：
（1）选用的钢丝绳规格不正确；
（2）钢丝绳长期缺乏维护、润滑；

（3）钢丝绳脱槽;

（4）钢丝绳在卷筒上排绳不齐，相互挤压;

（5）钢丝绳尾端固结不正确;

（6）钢丝绳穿绕不正确或设计缺陷，造成与其他部位非正常的机械磨损。

5.4 滑车和滑车组

滑车和滑车组是起重吊装、搬运作业中较常用的起重工具。常与卷扬机械一起构成起重或牵引的动力机构。

5.4.1 滑车

滑车一般由吊钩（链环）、滑轮、轴、轴套和夹板等组成。其主要作用：一是改变绳索的受力方向；二是穿绕钢丝绳构成滑轮组起省力作用。

（1）滑车的类型

按滑轮的多少，可分为单门（一个滑轮）、双门（两个滑轮）和多门等几种;

按连接件的结构形式不同，可分为吊钩型、链环型、吊环型和吊梁型四种;

按滑车的夹板形式分，有开口滑车和闭口滑车两种，如图5-32所示。开口滑车的夹板可以打开，便于装入绳索，一般都是单门，常用于拔杆脚等除作导向用;

按使用方式不同，又可分为定滑车和动滑车两种。定滑车在使用中是固定的，可以改变用力的方向，但不能省力；动滑车在使用中是随着重物移动而移动的，它能省力，但不能改变力的方向。

（2）滑车的允许荷载

滑车的允许荷载，可根据滑轮和轴的直径确定。一般滑车上都有标明，使用时应根据其标定的数值选用，同时滑轮直径还应与钢丝绳直径匹配。

双门滑车的允许荷载为同直径单门滑车允许荷载的两倍,三门滑车为单门滑车的三倍,以此类推。同样,多门滑车的允许荷载就是它的各滑轮允许荷载的总和。因此,如果知道某一个四门滑车的允许荷载为20000kg,则其中一个滑轮的允许荷载为5000kg。即对于这四门滑车,若工作中仅用一个滑轮,只能负担5000kg;用两个,只能负担10000kg,只有四个滑轮全用时才能负担20000kg。

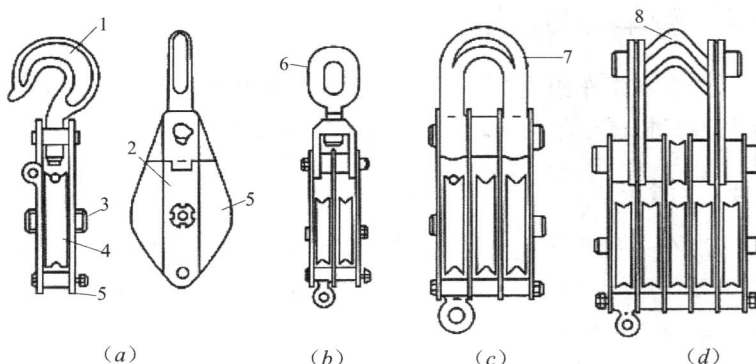

图 5-32 滑车
(a)单门开口吊钩型;(b)双门闭口链环型;
(c)三门闭口吊环型;(d)三门吊梁型
1—吊钩;2—拉杆;3—轴;4—滑轮;5—夹板;6—链环;7—吊环;8—吊梁

5.4.2 滑车组

由若干个定滑车和动滑车及绕过它们的绳索组成的简单起重工具称为滑车组。它能省力也能改变力的方向。滑车组有省力滑车组,也有增速滑车组,最常用的是省力滑车组。

(1)滑车组的种类

滑车组根据跑头引出的方向不同,可以分为跑头自动滑车引出和跑头自定滑车引出两种。如图5-33(a)所示,跑头自动滑车引出,这时用力的方向与重物移动的方向一致;如图5-33(b)所示,跑头自定滑车绕出,这时用力的方向与重物移动的方向相反。在采用多门滑车进行吊装作业时常采用双联滑车组。如图

5-33（c）所示，双联滑车组有两个跑头，可用两台卷扬机同时牵引，其速度快一倍，滑车组受力比较均衡，滑车不易倾斜。

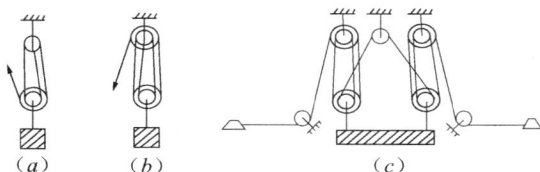

图 5-33　滑车组的种类

（a）跑头自动滑车绕出；（b）跑头自定滑车绕出；（c）双联滑车组

（2）滑车组钢丝绳的穿绕方法

滑车组钢丝绳的穿绕方法较多，通常分为普通穿法和花穿法两种，如图 5-34 所示。普通穿法，也称顺穿法，是将绳索自一侧滑轮开始，顺序地穿过中间的滑轮，最后从另一侧的滑轮引出，如图 5-34（a）所示。滑车组在工作时，由于两侧钢丝绳的拉力相差较大，跑头 7 的拉力最大，第 6 根为次，顺次至固定头受力最小，所以滑车在工作中不平稳。如图 5-34（b）所示，花穿法的跑头从中间滑轮引出，两侧钢丝绳的拉力相差较小，所以能克服普通穿法的缺点。在用"三三"以上的滑车组时，最好用花穿法。滑车组中动滑车上穿绕绳子的根数，习惯上叫"走几"，如动滑车上穿绕三根绳子，叫"走三"，穿绕四根绳子叫"走四"。

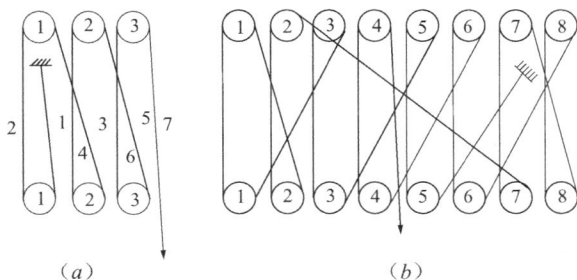

图 5-34　滑车组的穿法

（a）普通穿法；（b）花穿法

5.4.3 滑车（组）使用注意事项

（1）使用注意事项

1）严格按照滑车出厂额定起重量使用，不允许超载。如无滑车出厂安全起重量时，可进行估算，且此类滑车只能在一般吊装作业中使用。

2）滑车在使用前，应检查各部分是否良好，查明标识的允许荷载，检查滑车的轮槽、轮轴、夹板、吊钩（链环）等有无裂缝和损伤，滑轮转动是否灵活。对滑车和吊钩如发现有变形、裂痕和轴的定位装置不完善，不予使用。

3）滑车组绳索穿好后，要慢慢地加力，绳索收紧后应检查各部分是否良好，有无卡绳现象。

4）选用滑车时，滑轮直径的大小和轮槽的宽窄应与配合使用的钢丝绳直径大小相匹配。

5）在受力方向变化较大的地方和高空作业中，不宜使用吊钩式滑车，应选用吊环式滑车以防脱钩，如用吊钩式滑车，必须用铅丝绑牢封口。

6）滑车的吊钩（链环）中心，应与吊物的重心在一条垂线上，以免吊物起吊后不平稳，滑车组上下滑车之间的最小距离应根据具体情况而定，一般为 700 ～ 1200mm。

7）为了提高钢丝绳的使用寿命，滑轮直径最小不得小于钢丝绳直径的 16 倍。

8）使用中应注意绳的牵引力方向和导向轮的位置是否正确，防止绳子脱槽卡死而发生事故。

9）滑车在使用前、后都要刷洗干净，轮轴要加油润滑，防止磨损和锈蚀。

（2）滑轮的报废

滑轮出现下列情况之一的，应予以报废：

1）裂纹或轮缘破损；

2）滑轮绳槽壁厚磨损量达原壁厚的20%或滚动轴承出现缺损；

3）滑轮底槽的磨损量超过相应钢丝绳直径的 25%；

4）有其他损害钢丝绳的缺陷；

5）中轴中段直径磨损量达到基本尺寸的 2%；

6）吊具达到报废标准。

5.5 电动卷扬机

卷扬机在建筑施工中使用广泛，它可以单独使用，也可以作为其他起重机械的卷扬机构。

5.5.1 卷扬机构造和分类

卷扬机是由电动机、齿轮减速机、卷筒、制动器等构成。载荷的提升和下降均为一种速度，由电机的正反转控制。

卷扬机按卷筒数分：有单筒、双筒、多筒卷扬机；按速度分：有快速、慢速卷扬机。常用的有电动单筒和电动双筒卷扬机。如图 5-35 所示，为一种单筒电动卷扬机的结构示意图。

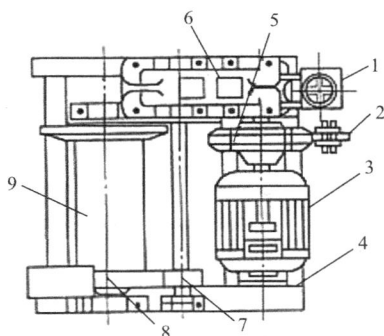

图 5-35　单筒电动卷扬机结构示意
1—可逆控制器；2—电磁制；3—电动机；4—底盘；5—联轴器；
6—减速器；7—小齿轮；8—大齿轮；9—卷筒

5.5.2 常用的基本参数

卷扬机的基本参数包括钢丝绳额定拉力、卷筒容绳量、钢丝绳平均速度、钢丝绳直径和卷筒直径等。

（1）慢速卷扬机的基本参数见表5-8。

慢速卷扬机基本参数　　　　　　　表 5-8

形式 基本参数	单筒卷扬机						
钢丝绳额定拉力（t）	3	5	8	12	20	32	50
卷筒容绳量（m）	150	150	400	600	700	800	800
钢丝绳平均速度（m/min）	9～12			8～11		7～10	
钢丝绳直径不小于（mm）	15	20	26	31	40	52	65
卷筒直径 D	$D \geqslant 18d$						

注：1t=1×1000×10N=10kN。

（2）快速卷扬机的基本参数见表5-9。

快速卷扬机基本参数　　　　　　　表 5-9

形式 基本参数	单筒卷扬机						双筒			
钢丝绳额定拉力（t）	0.5	1	2	3	5	8	2	3	5	8
卷筒容绳量（m）	100	120	150	200	350	500	150	200	350	500
钢丝绳平均速度（m/min）	30～40		30～35		28～32		30～35		28～32	
钢丝绳直径不小于（mm）	7.7	9.3	13	5	20	26	13	15	20	26
卷筒直径 D	$D \geqslant 18d$									

注：1t=1×1000×10N=10kN。

5.5.3 卷筒

卷筒是卷扬机的重要部件，卷筒是由筒体、连接盘、轴以及轴承支架等构成的。

（1）钢丝绳在卷筒上的固定

钢丝绳在卷筒上的固定通常使用压板螺钉或楔块，固定的方法一般有楔块固定法、长板条固定法和压板固定法，如图 5-36 所示。

1）楔块固定法，如图 5-36（a）所示。此法常用于直径较小的钢丝绳，不需要用螺栓，适于多层缠绕卷筒。

2）长板条固定法，如图 5-36（b）所示。通过螺钉的压紧力，将带槽的长板条沿钢丝绳的轴向将绳端固定在卷筒上。

3）压板固定法，如图 5-36（c）所示。利用压板和螺钉固定钢丝绳，压板数至少为 2 个。此固定方法简单，安全可靠，便于观察和检查，是最常见的固定形式。其缺点是所占空间较大，不宜用于多层卷绕。

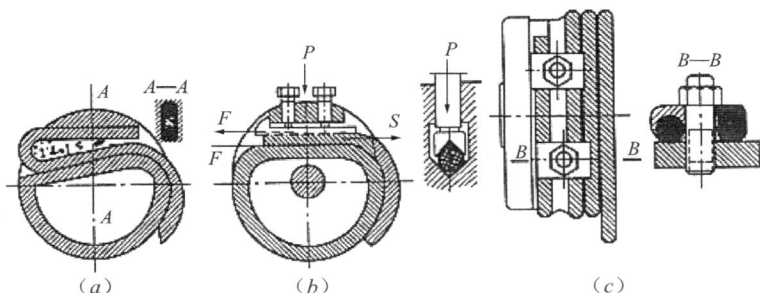

图 5-36　钢丝绳在卷筒上的固定
（a）楔块固定；（b）长板条固定；（c）压板固定

（2）卷筒的报废

当卷筒出现下述情况之一的，应予以报废：

1）裂纹或凸缘破损；

2）卷筒壁磨损量达原壁厚的 10%。

5.5.4　制动器

制动器是各类起重机械不可缺少的组成部分，它既是起重机的控制装置，又是安全装置。其工作原理是：制动器摩擦副中的一组与固定机架相连；另一组与机构转动轴相连。当摩擦副接触压紧时，产生制动作用；当摩擦副分离时，制动作用解除，机构可以运动。

（1）制动器的分类

1）根据构造不同，制动器可分为以下三类：

一是带式制动器，制动钢带在径向环抱制动轮而产生制动力矩。

二是块式制动器，两个对称布置的制动瓦块，在径向抱紧制动轮而产生制动力矩。

三是盘式与锥式制动器。带有摩擦衬料的盘式和锥式金属盘，在轴向互相贴紧而产生制动力矩。

2）按工作状态，制动器一般可分为常闭式制动器和常开式制动器。

常闭式制动器。在机构处于非工作状态时，制动器处于闭合制动状态；在机构工作时，操纵机构先行自动松开制动器。塔机的起升和变幅机构均采用常闭式制动器。

常开式制动器。制动器平常处于松开状态，需要制动时通过机械或液压机构来完成。塔机的回转机构采用常开式制动器。

（2）制动器的报废

制动器的零件有下列情况之一的，应予报废：

1）可见裂纹；

2）制动块摩擦衬垫磨损量达原厚度的 50%；

3）制动轮表面磨损量达 1.5～2mm；

4）弹簧出现塑性变形；

5）电磁铁杠杆系统空行程超过其额定行程的 10%。

5.5.5　卷扬机的布置与固定

（1）卷扬机的布置

卷扬机的布置（即安装位置）应注意下列几点：

1）卷扬机安装位置周围必须排水畅通并应搭设工作棚；

2）卷扬机的安装位置应能使操作人员看清指挥人员和起吊或拖动的物件，操作者视线仰角应小于 45°；

3）在卷扬机正前方应设置导向滑车，如图 5-37 所示，导向滑车至卷筒轴线的距离，带槽卷筒应不小于卷筒宽度的 15 倍，倾斜角 α 不大于 2°，无槽卷筒应大于卷筒宽度的 20 倍，以免钢丝绳与导向滑车槽缘产生过度的磨损；

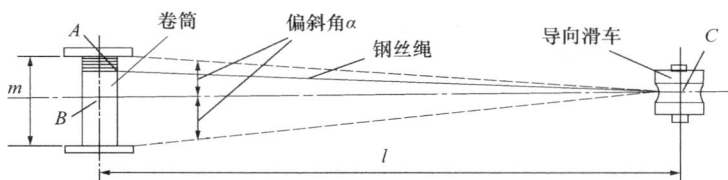

图 5-37　卷扬机的布置

4）钢丝绳绕入卷筒的方向应与卷筒轴线垂直，其垂直度允许偏差为 6°，这样能使钢丝绳圈排列整齐，不致斜绕和互相错叠挤压。

（2）卷扬机的固定

卷扬机必须用地锚予以固定，以防工作时产生滑动或倾覆。根据受力大小，固定卷扬机的方法大致有螺栓锚固法、水平锚固法、立桩锚固法和压重锚固法四种，如图 5-38 所示。

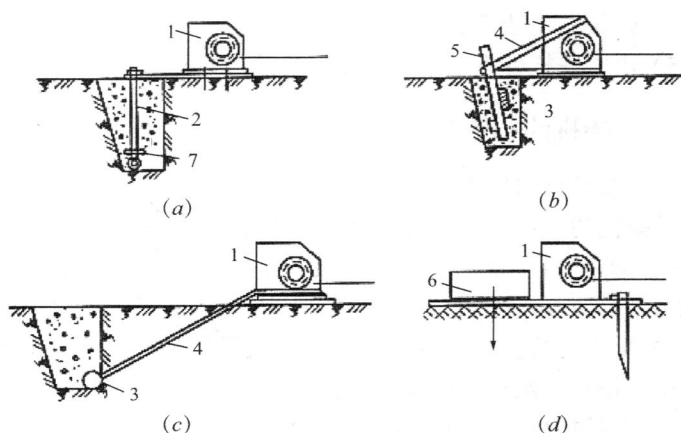

图 5-38　卷扬机的锚固方法

（a）螺栓锚固法；（b）水平锚固法；（c）立桩锚固法；（d）压重物锚固法

1—卷扬机；2—地脚螺栓；3—横木；4—拉索；5—木桩；

6—压重；7—压板

5.5.6　卷扬机使用注意事项

（1）作用前，应检查卷扬机与地面的固定、安全装置、防护设施、电气线路、接零或接地线、制动装置和钢丝绳等，全部合格后方可使用。

（2）使用皮带或开式齿轮的部分，均应设防护罩，导向滑轮不得用开口拉板式滑轮。

（3）正反转卷扬机卷筒旋转方向应在操纵开关上有明确标识。

（4）卷扬机必须有良好的接地或接零装置，接地电阻不得大于 10Ω；在一个供电网路上，接地或接零不得混用。

（5）卷扬机使用前要先作空载正、反转试验，检查运转是否平稳，有无不正常响声；传动、制动机构是否灵敏可靠；各紧固件及连接部位有无松动现象；润滑是否良好，有无漏油现象。

（6）钢丝绳的选用应符合原厂说明书规定。卷筒上的钢丝绳全部放出时应留有不少于 3 圈；钢丝绳的末端应固定牢靠；卷筒边缘外周至最外层钢丝绳的距离应不小于钢丝绳直径的 1.5 倍。

（7）钢丝绳应与卷筒及吊笼连接牢固，不得与机架或地面摩擦，通过道路时，应设过路保护装置。

（8）卷筒上的钢丝绳应排列整齐，当重叠或斜绕时，应停机重新排列，严禁在转动中用手拉脚踩钢丝绳。

（9）作业中，任何人不得跨越正在作业的卷扬钢丝绳。物件提升后，操作人员不得离开卷扬机，物件或吊笼下面严禁人员停留或通过。休息时应将物件或吊笼降至地面。

（10）作业中如发现异响、制动不灵、制动装置或轴承等温度剧烈上升等异常情况时，应立即停机检查，排除故障后方可使用。

（11）作业中停电或休息时，应切断电源，将提升物件或吊笼降至地面，操作人员离开现场应锁好开关箱。

6 物料提升机的构造和工作原理

物料提升机通常是由钢结构件、动力和传动部件、电气系统、安全装置和辅助部件五部分构成，并通过一定的方式连接组合而成。

6.1 物料提升机的分类

物料提升机按不同的分类标准，其种类划分也不尽相同，通常习惯以架体结构类型、吊笼位置和数量情况、物料的提升高度以及提升机驱动原理等指标进行划分，具体类型如下：

6.1.1 按架体结构分类

按照物料提升机架体常见的结构形式，大体可划分为龙门架物料提升机和井架物料提升机两大类。

由于龙门架物料提升机可采用大尺寸吊笼，所以能用于载重量较大的场合，通常其额定载重量为 800～2000kg；但受这种结构刚度和稳定性较差的因素影响，它的提升高度一般在 30m 以下。

与龙门架物料提升机相比井架式物料提升机的安装拆卸更为便捷，如该结构架体配置附墙装置时，可在 150m 以下的高度使用；由于受结构强度与吊笼空间的限制，井架式物料提升机额定载重量一般不超过 1000kg，因此常用于载重量较小的场所。

6.1.2 按吊笼分类

（1）根据提升机吊笼数量的不同，可将其分为单笼和双笼两种类型。单笼型龙门架物料提升机由两根立柱和一根天梁组成，吊笼在两立柱间上下运行，如图 6-1（a）所示；单笼井型井架物料提升机，吊笼位于井架架体内部或一侧，如图 6-1（b）所示。

双笼型龙门架物料提升机由三根立柱和两根横梁组成，两个吊笼分别在两立柱间的空间内上下运行，如图 6-2（a）所示；双笼型井架物料提升机的两个吊笼则分别位于井架架体的两侧，如图 6-2（b）所示。

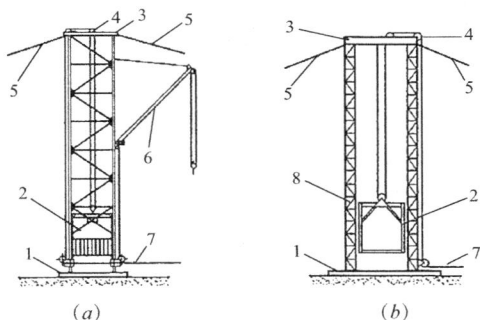

图 6-1　单笼物料提升机
（a）单笼龙门架物料提升机；（b）单笼井架物料提升机
1—基础；2—吊笼；3—天梁；4—滑轮；5—缆风绳；
6—摇臂把杆；7—卷扬钢丝绳；8—立柱

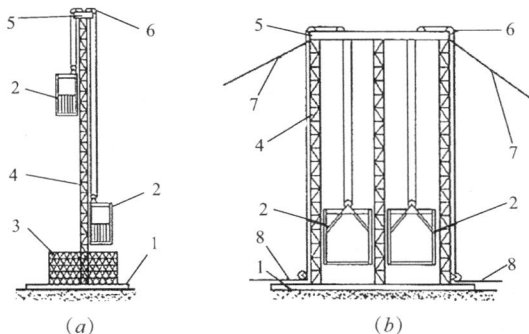

图 6-2　双笼物料提升机
（a）双笼龙门架物料提升机；（b）双笼井架物料提升机
1—基础；2—吊篮；3—防护围栏；4—立柱；5—天梁；
6—滑轮；7—缆风绳；8—卷扬钢丝绳

（2）按照吊笼的位置不同，可将其分为内置式和外置式两种类型。由于内置式井架物料提升机架体内部吊笼对架体本身产生的外力荷载均匀，且井架内有较大的升降空间，所以具有较理想的刚度和稳定性。由于进出料处要受缀杆的阻挡，常需要拆除一些缀杆和腹杆，此时各层面在与通道连接的开口处都须进行局部加固。

外置式井架物料提升机的吊笼由于位于架体外部的两侧，所以进出料较方便，使用效率较内置式高。但受外置式井架架体刚度、稳定性低且装拆复杂等不利因素影响；运行中对架体有较大的偏心载荷，因此对井架架体的材料、结构和安装均有较高的要求，一般可参照升降机的形式，将架体制成标准节，既便于安装又能提高连接强度。

6.1.3 按提升高度分类

物料提升机按提升高度，可分为低架式物料提升机和高架式物料提升机两类。提升高度不大于30m的为低架物料提升机，提升高度大于30m且不大于150m的，为高架物料提升机。

低架物料提升机和高架物料提升机在设计制造、基础安装和安全装置等方面，具有不同要求。低架物料提升机用于多层建筑，高架物料提升机主要用于高层建筑。由于物料提升机只能载货不可载人，而高层或超高层建筑施工现场，需解决人员上下问题，故一般使用施工升降机，因而提升高度在80m以上的物料提升机实际上很少使用。

6.1.4 按提升机驱动原理分类

传统的物料提升机均采用地面卷扬机驱动牵引的方式。近年来，随着摩擦曳引技术的应用，出现了使用摩擦曳引驱动的新型物料提升机。摩擦曳引技术在安全、节能方面具有不可替代的优势。图6-3是采用摩擦曳引传动的物料提升机，其基本原理是：用3～4根钢丝绳两端分别挂有吊篮和对重块，用曳引轮的摩擦力驱动，其动力消耗为同样起重量的卷扬机牵引方式的一半。

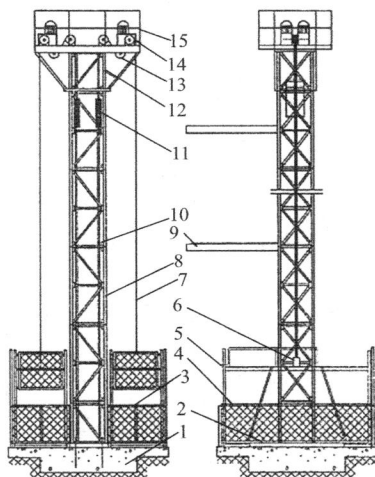

图 6-3　曳引传动物料提升机
1—基础；2—底座；3—围栏门；4—围栏；5—吊篮；6—防坠装置；
7—钢丝绳；8—标准节；9—附墙；10—对重导轨；11—对重块；
12—自升平台；13—定滑轮；14—曳引机；15—栏杆

6.2　常见物料提升机的组成

物料提升机是由钢结构、电动卷扬机、电气控制系统、安全装置与辅助部件四大系统构成，在物料提升机构造部分主要是对龙门架物料提升机和井架物料提升机为代表的常见形式的钢结构组成和功能进行介绍，对于其他系统不同形式的提升机大体相同，故不再分类介绍。

6.2.1　龙门架物料提升机的构造

图 6-4 为龙门架物料提升机的构造简图。

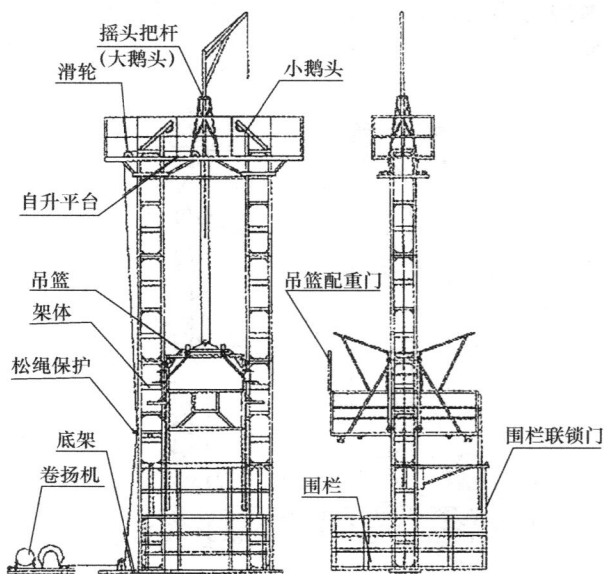

图 6-4 龙门架物料提升机构造图

（1）钢结构

龙门架的钢结构主要由架体（包括横梁）、底架、吊篮、导轨等部件组成。

（2）架体

架体作为支撑天梁的重要结构件，主要功能是承载吊笼的垂直荷载、承担载物重量并兼有运行导向和整体稳固的作用。其构件由立柱和天梁两部分构成，他们是承载起升荷载和保持整体稳定性的重要结构件。

龙门架的立柱截面形状可为矩形、正方形或三角形，截面的大小根据吊笼的布置和受力，经设计计算确定。一般采用角钢或钢管制作成可拼装的杆件，在施工现场以螺栓或销轴连接成一体。目前，常采用焊接的格构式标准节，每个标准节长度为 1.5 ～ 4m，标准节常见的截面尺寸有 450mm×600mm、

500mm×500mm、600mm×600mm。标准节之间采用螺栓或销轴连接，根据施工现场需要的高度选择连接的标准节节数，以满足提升高度的需要。

采用标准节连接的架体，其横截面小、用钢量少、安装方便，安装质量容易得到保证，但加工难度和运输成本略高，适合批量生产。

横梁又称天梁，安装在立柱顶部，与立柱连接构成架体。横梁主要承受吊篮自重荷载和提升荷载等，常用型钢制作，其截面形状和尺寸须经设计计算确定。当使用槽钢制作时，宜使用两根。横梁往往和套架及其栏杆、滑轮、摇头把杆等零部件拼装在一起构成装拆人员升高或降低作业时的操作平台。

（3）底架

架体的底部设有底架（又称地梁），用于架体（立柱）与基础之间的连接。通常由槽钢、角钢焊接而成，承受所有的荷载作用，其上面固定标准节、地滑轮，并通过地脚螺栓与基础连接成一体。

（4）吊篮

吊篮也称吊笼，使用型钢焊接而成，用来装载物品。吊篮由横梁、侧柱、底板、两侧挡板（围网）、斜拉杆和进出料安全门等组成。吊篮底部一般要在铺设一层 50mm 厚的木板和焊有防滑钢板作底板。吊篮两侧有防护网，前后有安全门，安全门以及两侧围挡一般用钢网片或钢栅栏制成，高度不小于 1m，以防止散落的物料或载货小车的滑落。对高架提升机，还需要在顶部设置防护顶棚。吊篮上装有停靠装置和防坠保险装置。吊篮进料门通常为机械自落式，吊篮下降到底层时自动打开，吊篮上升时自动关闭，无须人工操作，安全实用。吊篮出料门一般为对重式，需人工开启和关闭。有的安全门在吊篮运行至高处停靠时，还具有高处临边作业的防护作用。

（5）导靴

导靴是安装在吊笼上沿导轨运行的装置，可防止吊篮在运行过程中偏斜和摆动，其形式有滚轮导靴和滑动导靴两种。具有下列情况之一的应采用滚轮导靴：

1）采用摩擦式卷扬机为动力的提升机；

2）架体的立柱兼作导轨的提升机；

3）高架提升机。

（6）导轨

导轨是为吊笼上下运行提供导向的部件。龙门架物料提升机的导轨，可分为单滑道、双滑道。单滑道即左右各有一根滑道，对称设置于架体两侧；双滑道一般用于龙门架上，左右各设置两根滑道并间隔相当于立柱单肢间距的宽度，可减少吊笼运行中的晃动。

（7）摇头把杆

摇头把杆又称安装吊杆，是用来装拆导轨架、标准节的专用设备，通常安装在自升平台上，进行高空作业，因此要求：

1）安装吊杆钢丝绳直径不应小于 6mm，安全系数不应小于 8；

2）安装吊杆的额定起重量不应小于标准节自重的 1.25 倍，额定提升速度不宜大于 10m/min；

3）应采用按钮开关操作，上升和下降按钮应互锁且是自动复位型。停止按钮的开关应为非自动复位型，随时可切断总电源；

4）安装吊杆应有回旋锁定措施，可定位吊装标准节；

5）安装吊杆应采用有自锁功能的蜗轮杆减速器，或采用保证标准节悬吊停止在任一高度不会因自重下滑的措施。

6.2.2　井架物料提升机的构造

井架物料提升机与龙门架物料提升机相比，主要区别在于钢结构不同，两者的动力装置、电气控制系统、安全与辅助部件大体相同，本教材主要介绍井架物料提升机的钢结构。

井架物料提升机的钢结构主要有架体、吊篮、摇臂把杆等部件组成。

（1）架体

架体由立柱角钢、底架、天梁、横杆、斜杆、导轨和顶架等部分构成，主要用于承载起升荷载和保持整体稳定性以及对吊篮运行起到稳定和导向的作用。

底架是由底梁、夹板组成的一个矩形框体，并与底节立柱角钢刚性连接，四角用压板固定于基础上。在立柱角钢上通过翼板连接斜撑杆组成一个框架结构体，然后往上加高至需要的高度，再装上顶架即构成架体。顶架由天梁及其托架组成，采用槽钢制作，天梁上安装两只滑轮。架体内侧装有四根导轨，它们一方面作为掉了运行的导向装置，另一方面又对顶架起到支撑作用。图6-5是井架物料提升机架体的结构简图。

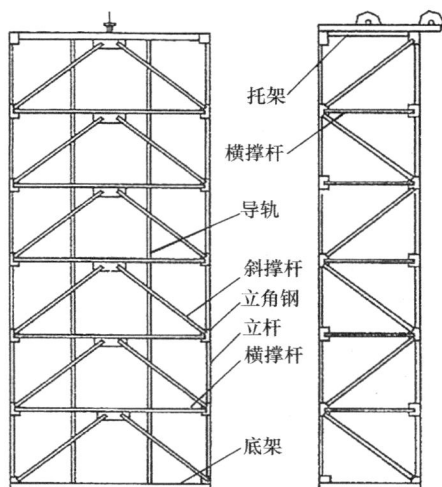

托架
横撑杆
导轨
斜撑杆
立角钢
立杆
横撑杆
底架

图 6-5　井架物料提升机架体简图

（2）吊笼

吊笼用型钢焊接而成。井架物料提升机顶部有活动顶盖，以便进行维修和架设工作。其他部分与龙门架吊笼基本相同。图

119

6-6 为井架物料提升机吊笼的结构示意图。

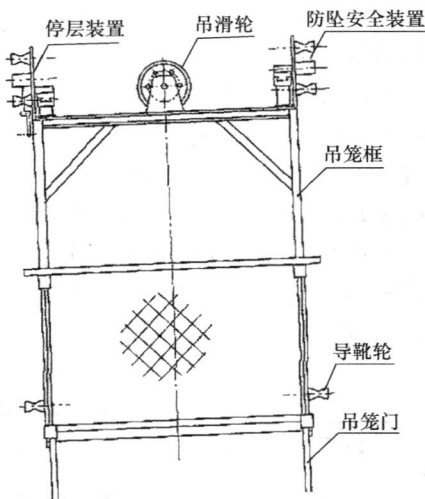

图 6-6　井架物料提升机吊笼结构示意图

（3）摇臂把杆

摇臂把杆通常是指井架物料提升机附设在架体上的起重臂杆。为解决物料提升机难以吊装较长、较宽的物料问题，一般在井架物料提升机的一侧安装一根动臂吊杆，成为摇臂把杆。把杆应安装在立柱主肢角钢和水平衡杆的交界处，如图 6-7 所示。

摇臂把杆具有独立的提升装置，把杆底部装有铰轴，由人工拉动溜绳操作转向定位，构成简易的动臂回转起重机构。

摇臂把杆的额定起重量不应超过 600kg，把杆长度不应超过 6m。把杆可用外径不小于 121mm 的无缝钢管制作，也可用角钢焊接成格构式结构，其断面尺寸不应小于 240mm×240mm，单肢角钢不应小于 L 30×4。

1）电动机

建筑施工用的物料提升机绝大多数采用三相交流电动机，功率一般在 2～15kW，额定转速为 730～1460r/min。当牵引绳速要变化时，常采用绕线式转子的可变速电动机，也可使用鼠笼式转子定速电动机。

2）制动器

根据卷扬机的工作特点，在电动机停止时，必须同时使工作机构卷筒也立即停止转动。也就是，在失电时制动器必须处于制动状态，只有通电时才能松闸。因此，物料提升机的卷扬机均应采用常闭式制动器。图 6-11 为用于卷扬机的常闭式闸瓦制动器，又称为抱鼓制动器或抱闸制动器。不通电时，磁铁无吸力，在主弹簧 4 张力作用下，通过推杆 5 拉紧制动臂 1，推动制动块 2（闸瓦）紧压制动轮 9，处于制动状态；通电时在电磁铁 7 作用下，衔铁 8 顶动推杆 5，克服弹簧 4 的张力，使制动臂拉动制动块 2 松开制动轮 9，处于松闸运行状态。

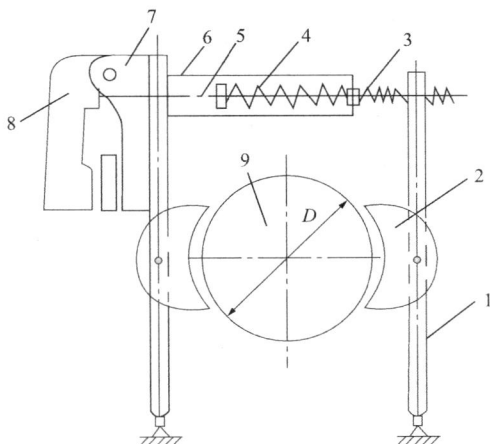

图 6-11　电磁抱闸制动器

1—制动臂；2—制动瓦块；3—副弹簧；4—主弹簧；5—推杆；6—拉板；
7—电磁铁绳；8—衔铁；9—制动轮

此类制动器，推杆行程、制动块与制动轮间隙均可调整，但对于两种或以上的调整应配合进行，以取得较好效果，制动块与制动轮间隙视制动器型号而异，一般在 0.8 ～ 1.5mm 为宜，太小易引起不均匀磨损；太大则影响制动效果，甚至滑移或失灵。随着使用时间延续，制动块的摩擦衬垫会磨耗减薄，应经常检查和调整。当制动块摩擦衬垫磨损达到原厚度 50% 时，或制动轮表面磨损达 1.5 ～ 2mm 时，应及时更换。

有的摩擦式卷扬机采用电磁盘式制动器，如图 6-12 所示。通常，此类制动器的制动盘直接安装在电动机轴上随电动机一起转动，固定盘与电动壳体连接，只能轴向移动，制动盘与鼓动盘

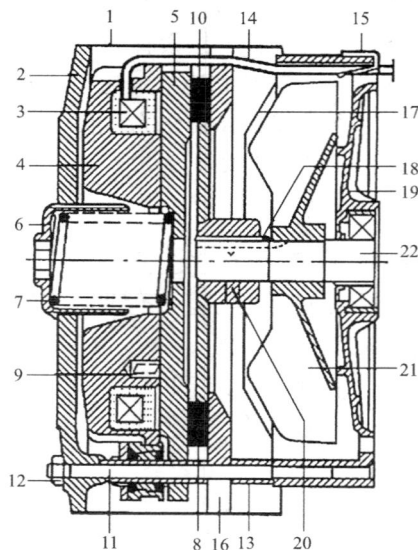

图 6-12　电磁盘式制动器

1—防护罩；2—端架；3—磁铁线圈；4—磁铁架；5—衔铁；6—调整轴套；
7—制动器弹簧；8—可转制动盘；9—压缩弹簧；10—制动垫片；11—螺栓；
12—螺母；13—垫圈；14—线圈电缆；15—电缆夹子；16—固定制动盘；
17—风扇罩；18—键；19—电动机后端罩；20—紧定螺钉；21—电动风扇；
22—电动机主轴

之间有摩擦（块）。电机不工作时，固定盘受弹簧的张力，通过摩擦块将制动盘锁死，起到常闭制动效果。当电动机通电时，固定盘侧的电磁铁产生吸力，克服弹簧的张力，拉动固定盘，摩擦块滑动，松开制动盘，电动机正常运转。这种盘式制动器，制动灵敏，维护调整简单，受气候影响较小，但制造精度和成本略高。

为了减小结构尺寸，达到较好的制动效果，通常制动器应装设在快速轴输入端处，因为该处的扭矩最小，制动器可以通过较小尺寸，实现较好的制动效果。

3）联轴器

卷扬机普遍采用带制动轮弹性套柱销联轴器，该部件由两个半联轴节、橡胶弹性套及带螺母的锥形柱销组成。由于其中的一个半联轴节为制动轮，故结构紧凑并具有一定的位移补偿及缓冲性能；当超载或位移过大时，弹性套和柱销会破坏，能够避免传动轴及半联轴节的破坏，起到了一定的安全保护作用，对中小功率的电动机和减速器连接有良好的效果，如图6-13所示。该联轴器的弹性套，在补偿位移（调心）中极易磨损，必须经常检查和更换。

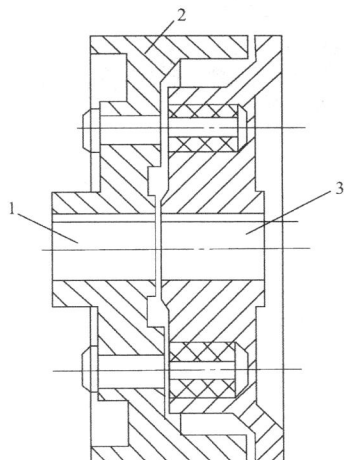

图 6-13　联轴器

1—减速机轴；2—制动轮；3—电机轴

4）减速机

减速机的作用是将电动机的旋转速度降低到所需要的转速，同时提高输出扭矩。

物料提升机常采用渐开线斜齿轮减速机，该减速机转动效率高，输入轴和输出轴不在同一个轴线上，体积较大。此外，行星齿轮、摆线齿轮或涡轮蜗杆减速器也偶有使用，此类减速机最大的特点是可以在较小的空间，获得较大的传动比。卷扬机的减速机还需要根据输出功率、转速、减速比和输入输出轴的方向位置，来确定其形式和规格。

物料提升机的减速机通常是齿轮传动，多级减速，如图 6-14 所示。

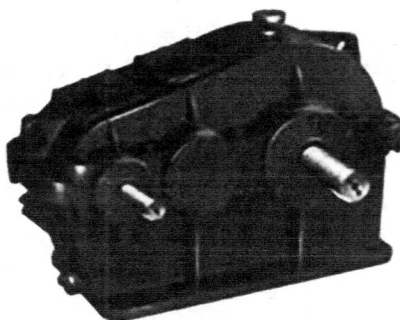

图 6-14　齿轮减速机

5）钢丝绳卷筒

卷扬机的钢丝绳卷筒（驱动轮）是供缠绕钢丝绳的部件，它的作用是卷绕缠放钢丝绳、传递动力，把旋转运动变为直线运动，也就是将电动机产生的动力传递到钢丝绳产生牵引力的受力结构件上。

① 卷筒种类

卷筒材料一般采用铸铁、铸钢制成，重要的卷筒可采用球墨铸铁，也有使用钢板弯卷焊接的形式。卷筒表面有光面和开槽两种类型，开槽式卷筒可使钢丝绳排绕整齐，但仅适用于单层卷绕；光面式卷筒的钢丝绳可用于多层卷绕，容绳量增加。

曳引机的钢丝绳驱动轮是依靠摩擦作用将驱动力提供给牵引（起重）钢丝绳的。驱动轮上开有绳槽，钢丝绳绕过绳槽张紧后，驱动轮的牵动力才能传递给钢丝绳。由于单根钢丝绳产生的摩擦力有限，一般在驱动轮上都有数个绳槽，可容纳多根钢丝绳，从而可获得较大的牵引力，如图 6-15 所示。

图 6-15　曳引机

② 卷筒容绳量

卷筒容绳量是卷筒容纳钢丝绳长度的数值，它不包括钢丝绳安全圈的长度。如图 6-16 所示，对于单层缠绕光面式卷筒，卷筒容量（L）的计算公式为（6-1）。

$$L=\pi(D+d)(Z-Z_0)$$

（6-1）

式中　d——钢丝绳直径（mm）；

　　　D——面卷筒直径（mm）；

Z——卷绕钢丝绳的总圈数 $Z = B/d$;

Z_0——安全圈数。

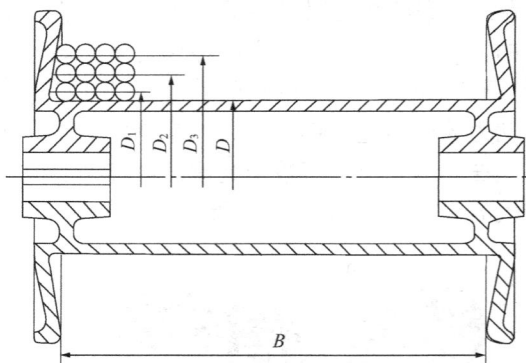

图 6-16 卷筒

多层式卷筒，若每层绕的圈数为 Z，则绕到 n 层时，卷筒容绳量计算见公式（6-2）。

$$L=\pi nZ(D+nd)\qquad(6\text{-}2)$$

（2）钢丝绳

钢丝绳是物料提升机的重要传动部件，物料提升机使用的钢丝绳一般是圆股互捻钢丝绳，即先由一定数量的钢丝按一定螺旋方向（右或左螺旋）绕成股，再由多股围绕着绳芯拧成绳。常用的钢丝绳为 6×19 或 6×37 钢丝绳。

（3）滑轮

通常，在物料提升机的底部和天梁上装有导向定滑轮，吊笼顶部装有动滑轮。滑轮的材质通常采用铸铁或铸钢。铸铁滑轮的绳槽硬度低，对钢丝绳的磨损小，但脆性大且强度较低，不宜在强烈冲击振动的情况下使用。铸钢滑轮的强度和冲击韧性均较高。滑轮通常支承在固定的心轴上，简单的滑轮可用滑动轴承，大多数提升机的滑轮都采用滚动轴承，该类轴承的效率较高，装配维修也方便。

滑轮除了结构、材料应符合要求外，滑轮和轮槽的直径也必须与钢丝绳匹配，直径过小的滑轮易出现钢丝绳早期磨损、断丝和变形等问题。低架提升机滑轮直径与钢丝绳直径的比率不应小于25，高架提升机滑轮直径与钢丝绳直径的比率不应小于30。

滑轮的钢丝绳导入导出处应设置防钢丝绳跳槽的装置。物料提升机严禁使用开口拉板式滑轮。选用滑轮时应注意卷扬机的额定牵引力、钢丝绳运动速度、吊笼额定载重量和提升速度等因素，合理选择滑轮和钢丝绳的规格。

6.2.4　电气系统

物料提升机的电气系统由电气控制箱、电气元件、电缆电线及保护系统四部分构成，其中前三部分为电气控制系统。

（1）电气控制箱

物料提升机的动力机构大多采用卷扬机，由于其对运行状态的控制要求较低，因此控制线路较简单，电气元件数量较少，许多操纵工作台与控制箱做成一个整体。电气控制箱外壳通常由薄钢板经冲压、折卷、封边等工艺制作，也有使用玻璃钢等材料塑造成形的。箱体上有可开启的检修门，箱体内装有各种电器元件，整体式控制箱面板上设有控制按钮。对于利用便携操纵盒操控的设备，其连接电缆从控制箱引出。有的控制箱还装有摄像监视装置的显示器台架，方便操作人员的观察和控制。对于电气控制箱的要求如下：

1）如因双笼载物或摇臂把杆吊物需要配置多台卷扬机的，应分别单独设置控制电路，实施"一机一闸一漏"，即每台卷扬机必须单独设置电闸开关和漏电保护开关；

2）电气控制箱壳体必须完好无损，符合防雨、防晒、防砸和防尘等密封要求；

3）电气控制箱的高度、位置和方向应方便司机的操作；

4）固定式电气控制箱必须安装牢靠，电器元件的安装基板必须采用绝缘材料；

5）电气控制箱必须装有安全锁，避免闲杂人员触摸开启。

（2）电气元件

物料提升机的电气元件可分为功能元件、控制操作元件和保护元件三类。

所谓功能元件，是将电源送递执行动作的器件，如声光信号器、制动电磁铁等。

所谓控制操作元件，是指提供适当送电方式经功能元件指令其动作的器件，如继电器（交流接触器）、操纵按钮、紧急断电开关和各类行程开关（上下极限、超载限制器）等。但物料提升机的控制操作元件禁止使用倒顺开关控制，对于携带式控制装置应密封、绝缘，控制回路电压不应大于36V，其引线长度不得超过5m。

所谓保护元件是指保障各元件在电器系统有异常时不受损或停止工作的器件，如短路保护器（熔断器、断路器）、失压保护器、过流保护器和漏电保护器等。漏电保护器的额定漏电动作电流应不大于30mA，动作时间应小于0.1s。

（3）电缆、电线

对于设备使用的电缆、电线不得有破损、老化，如有上述现象应及时更换。同时，对于接入电源应使用电缆线，且宜使用五芯电缆线。架空导线离地面的直接距离、离建筑物或脚手架的安全距离均应大于4m。架空导线不得直接固定在金属支架上，也不得使用金属裸线绑扎。

电控箱内的接线柱应固定牢靠，连线应排列整齐，保持适当间隔；各电器元件、导线与箱壳间以及对地绝缘电阻值，应不小于0.5MΩ。

如采用携带式操纵装置，应使用有橡胶护套绝缘的多股铜芯电缆线，操纵装置的壳体应完好无损且具有一定强度，能耐受跌落等不利的使用条件，电缆引线的长度不得大于5m。

6.2.5 安全装置与辅助部件

物料提升机的安全装置主要包括安全停靠装置、断绳保护装置、上极限限位器、下极限限位器、紧急断电开关、缓冲器、超载限制器、信号装置和通信装置等。对于低架提升机应按照规定设置安全停靠装置、断绳保护装置、上极限限位器、紧急断电开关和信号装置等安全装置；对于高架提升机除应按照要求设置低架提升机的全部安全装置外，还应设置下极限限位器、缓冲器、超载限制器和通信装置。同时，对于物料提升机还应设置附墙架、地锚和缆风绳等辅助部件。

6.3 物料提升机的工作原理

施工现场的物料提升机通常采用电力作为原动力，通过电能转换成机械能，完成载物运输的过程。其过程可简单表示为：电源→电动机转换为机械能→减速器改变转速和扭力→卷扬机卷筒（或曳引轮）→牵引钢丝绳→滑轮组改变牵引力的方向和大小→吊笼载物升降（或摇杆吊运物料）。

6.3.1 电气控制工作原理

物料提升机的电气系统是指将动力电源通过输配线路连接至设备的电控箱内部，并通过箱体内电路元器件的控制指令将动力电流输送至卷扬电动机，从而实现将电能转换成所需要的机械能的过程。图 6-17 为典型的物料提升机卷扬电气系统控制示意图。图 6-18 为典型物料提升机电气原理图，电气原理图中各符号名称见表 6-1。其工作原理如下：

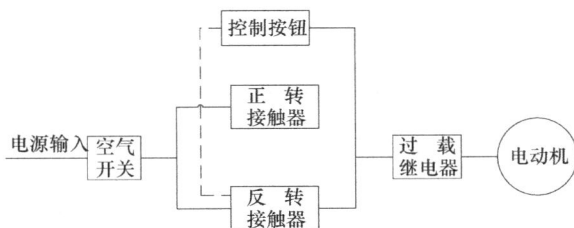

图 6-17 系统控制示意图

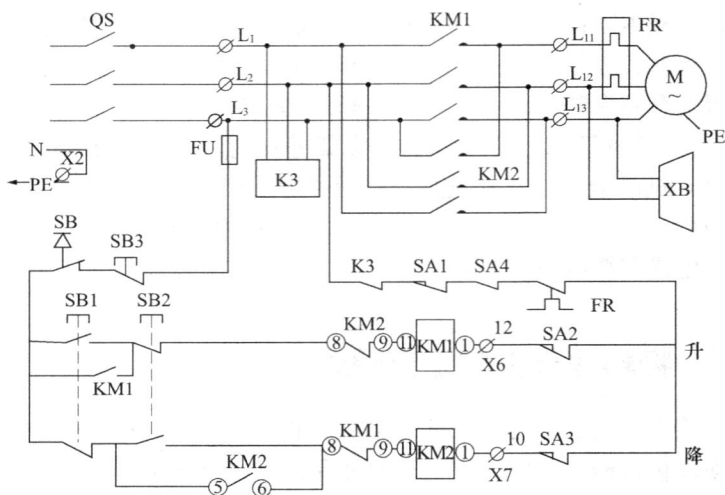

图 6-18 电器原理图

物料提升机电器符号名称 表 6-1

序 号	符 号	名 称	序 号	符 号	名 称
1	SB	紧急断电开关	9	FU	熔断器
2	SB1	上行按钮	10	XB	制动器
3	SB2	下行按钮	11	M	电动机
4	SB3	停止按钮	12	SA1	超载保护装置
5	K3	相序保护器	13	SA2	上限位开关
6	FR	热继电器	14	SA3	下限位开关
7	KM1	上行交流继电器	15	SA4	门限位开关
8	KM2	下行交流继电器	16	QS	电路总开关

（1）物料提升机的动力电源为电压为 380V，频率为 50Hz 的三相交流电。该电源应配置专属的启动开关并应将其设置在独立的控制箱体内部，图 6-18 中的 L_1、L_2、L_3 为三相电源，N 为零线，PE 为接地线。

（2）QS 为电路总开关，采用漏电、过载和短路保护功能的漏电断路器。

（3）K3 为断相与错相保护继电器，当电源发生断、错相时，能切断控制电路，物料提升机就不能启动或停止运行。

（4）FR 为热继电器，当电动机发热超过一定温度时，热继电器就及时切断主电路，电动机断电停止转动。

（5）上行控制。按 SB1 上行按钮，首先切断对 KM2 联锁（切断下行控制电路）；KM1 线圈通电，KM1 主触头闭合，电动机启动升降机上行。同时，KM1 自锁触头闭合自锁，KM1 联锁触头切断 KM2 联锁（切断下行控制电路）。

（6）下行控制。按 SB2 下行按钮，首先切断对 KM1 联锁（切断上行控制电路）；KM2 线圈通电，KM2 主触头闭合，电动机启动升降机下行。同时，KM2 自锁触头闭合自锁，KM2 联锁触头切断 KM1 联锁（切断上行控制电路）。

（7）停止。按下 SB3 停止按钮，整个控制电路断电，主触头分断，主电动机断电停止转动。

（8）失压保护控制电路。当按压上升按钮 SB1 时，接触器 KM1 线圈通电，一方面使电机 M 的主电路通电旋转，另一方面与 SB1 并联的 KM1 常开辅助触头吸合，使 KM1 接触器线圈在 SB1 松开时仍继续通电吸合，使电机保持旋转。停止电机旋转时，可按压停止按钮 SB3，使 KM1 线圈断电，一方面使主电路的 3 个触头断开，电机停止旋转；另一方面，KM1 自锁触头断开。当将停止按钮松开而恢复接电时，KM1 线圈这时已不能自动通电吸合。这个电路若中途发生停电失压、再来电时不会自动工作，只有当重新按压上升按钮，电机才会工作。

（9）双重联锁控制电路。电路中在 KM1 线圈电路中串有一个 KM2 的常闭辅助触头；同样，在 KM2 线圈电路中也串有一个 KM1 的常闭辅助触头，这是保证不同时通电的联锁电路。如果 KM1 吸合物料提升机在上升时，串在 KM2 电路中的 KM1 常闭辅助触头断开，这时即使按压下降按钮 SB2，KM2 线圈也不会通电工作。上述电路中，不仅 2 个接触器通过常闭辅助触头实现了不同时通电的联锁，同时也利用 2 个按钮 SB1、SB2 的一对常闭触头，实现了不能同时通电联锁。

6.3.2 牵引系统工作原理

电动机借助联轴器将其与减速机中的输入轴相连接，由减速机完成减慢转速，增大扭矩的变换后，减速器的输出轴与钢丝绳卷筒啮合，驱动卷筒以慢速大扭矩转动，缠卷牵引钢丝绳输出牵引力。当电动机断电时，由常闭式制动器对动力装置产生制动力，锁死电动机轴或减速机输入轴，从而确保钢丝绳卷筒停止转动。变速传递路径如图 6-19 所示。

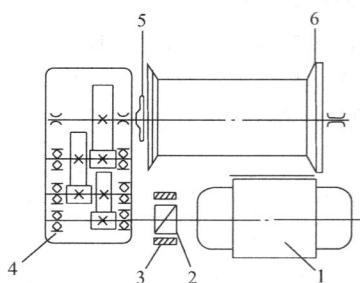

（a）   （b）

图 6-19　JK 型卷扬机传动

（a）示意图；　　（b）实物图

1—电动机；2—联轴器；3—电磁制动器；4—圆柱齿轮减速器；

5—联轴节；6—卷筒

物料提升机的卷扬机与该装置架体的安装位置通常安装在不同的基础上，且两基础间应保留一定的间隔距离。吊笼通过将缠绕在卷筒上的钢丝绳将卷扬机产生的旋转扭力转换为使其沿导轨上下升降的直线牵引力。如图 6-20 所示，绳从卷筒引出至架体时，首先穿过导向滑轮，将水平牵引力变为垂直向上的力，沿架体达到天梁上的导向滑轮，再改为水平走向到天梁的另一导向定滑轮，转为垂直向下至吊笼牵引提升动滑轮，转向后向上固定在天梁上。滑轮与架体、吊笼应采用刚性连接，严禁采用钢丝绳、钢丝等柔性连接，不得使用开口拉板式滑轮。卷筒收卷时，钢丝绳即牵引吊笼上升；卷筒放卷时，吊笼依靠重力下降，完成升降运行过程。

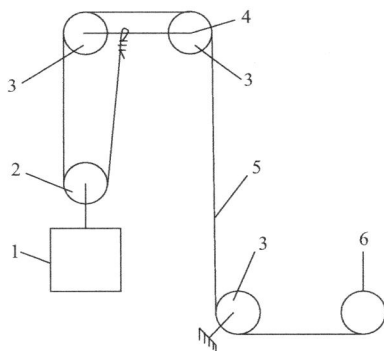

图 6-20　物料提升机牵引示意图

1—吊笼；2—笼顶动滑轮；3—导向滑轮；4—天梁；5—钢丝绳；6—卷筒

同理，物料提升机的摇臂把杆也是依靠钢丝绳牵引完成吊物提升的。一般钢丝绳走向方式，如图 6-21 所示。

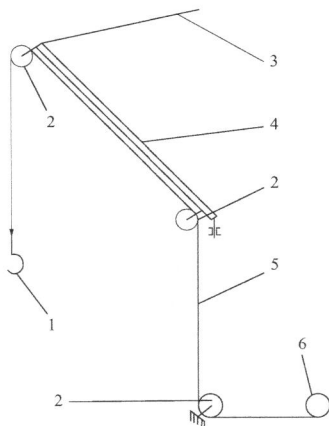

图 6-21　摇臂起重拔杆钢丝绳走向示意图

1—吊钩；2—导向滑轮；3—把杆缆索；4—把杆；5—起重钢丝绳；6—卷筒

曳引式卷扬机与可逆式卷扬机不同，它是依靠钢丝绳与驱动轮之间的摩擦力来传递牵引力。无论吊笼是否载重其牵引钢丝绳必须张紧，才能对驱动轮有压力，从而产生足够的摩擦牵引力。因此，曳引机通常直接设置在架体的底部，除有吊笼外，还需有对重块来保持张力平衡。当吊笼上升时，对重块下降；吊笼下降时，对重块上升。其钢丝绳穿绕方式，如图 6-22 所示。

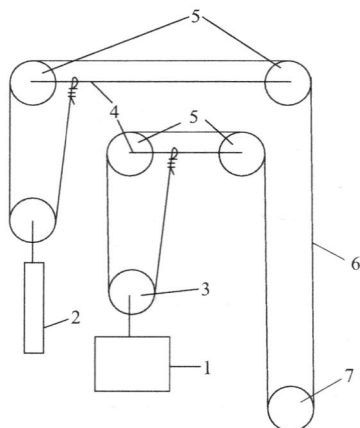

图 6-22　曳引机钢丝绳穿绕示意图
1—吊笼；2—对重块；3—笼顶动滑轮；4—天梁；5—导向滑轮；
6—钢丝绳；7—摩擦驱动轮

7 物料提升机的安全与防护

7.1 物料提升机的基础与稳固

基础作为确保物料提升机安全运行的平台，应具备相应的承载力和稳定性。为确保物料提升机基础的稳固性能，教材主要对其自身承载能力及其预埋件、锚固件、附墙架、缆风绳、地锚等部件的设置要求进行介绍。

7.1.1 地基与承载力

物料提升机基础所承受的外部荷载主要包括自身架体的自重、载运物料的重量以及缆风绳、牵引绳等产生的附加重力和水平力。对于基础采用的方案，如果施工现场条件与物料提升机设备生产厂家产品说明书中提供的基础方案条件接近时可直接采用，如厂家未规定地基承载力要求时，对于低架提升机，应在清理、夯实、整平基础土层的基础上，对其承载力进行测试并确保该场地的承载力不小于 80kPa。在低洼地点的，应在离基础适当距离外，开挖排水沟槽，排除积水。无自然排水条件的，可在基础边设置集水井，使用抽水设备排水。高架提升机的基础应进行设计，计算时应考虑物料、吊具、架体等重力，还必须注意到附加装置和设施产生的附加外力，如安全门、附着杆、钢丝绳、防护设施以及风载荷等产生的影响。当地基承载力不足时，应采取措施，使其达到设计要求。

当物料提升机的基础设置在其他建筑物或构筑物结构上时，如设在地下室顶板，应验算承载梁板的强度，确保能承受作用在其上的全部荷载。必要时应采取措施，对梁板进行支撑加固。

7.1.2 物料提升机基础

（1）当物料提升机的基础直接设置在地面时，无论其结构形式如何，均应采用整体混凝土基础，而且基础内部应按相应规范要求配置构造钢筋。其外形尺寸不应小于底架的外部轮廓，厚度不小于 300mm，混凝土强度不低于 C20。

（2）当驱动卷扬机设置在地表时，也应设置独立的基础，且无论卷扬机是否通过锚桩或绳索固定，均宜用混凝土或水泥砂浆找平。厚度通常不小于 200mm，混凝土强度不低于 C20，水泥砂浆的强度不低于 M20。

（3）物料提升机机体与基坑（沟、槽）边缘距离不应小于 5m，对于施工过程中会产生较大振动的作业项目，应远离物料提升机机体。如确实无法避让，必须采用保证架体稳定的措施。

7.1.3 预埋件与锚固件

（1）混凝土基础浇捣前，应根据物料提升机的型号和底架尺寸设置固定底架、导向滑轮座的钢制预埋件或地脚螺栓等锚固件。预埋件定位应准确，最大水平偏差不应大于 10mm，地脚螺栓的规格、数量和材质应符合产品说明书的要求。此外，在混凝土基础上，还应设置供防护围栏固定的预埋件。

（2）卷扬机基础也应设置预埋件或锚固的地脚螺栓。由于架体、底座的材质多样，可焊性难确定，因此固定在预埋件或锚固件上时，不宜直接采用电焊固定，宜使用压板、螺栓等方法，将架体、底座与预埋件、锚固件连接。

7.1.4 附墙架

为确保物料提升机在运行过程中架体的稳定性，应对所有高架物料提升机和具备条件的低架物料提升机，通过设置附墙架的方式达到稳固架体的作用。附墙架的支撑主杆件应使用刚性材料，不得使用软索。常用的刚性材料有角钢、钢管等型钢。当产品说明书中无详细规定时，应进行设计计算，并满足强度和稳定性的要求。

当采用型钢制作附墙架时，该材料自身的强度不应低于物料提升机架体的强度。附墙架与架体的连接点，应设置在架体主杆与腹杆的结点处，不得随意移动连接点位置。连接点应使用紧固件将附墙架牢靠固定，不得使用现场焊接等不易控制连接强度和损伤架体的方法。

附墙架杆件数量不应少于 3 根，且要搭设成如三角形状的稳定性几何结构，各杆件与建筑物连接处应留有一定的距离，确保其有较好的受力效果，杆件与架体中心线夹角宜控制在 40℃左右。内置式井架物料提升机的连接方法如图 7-1 所示，外置式井架物料提升机连接方法如图 7-2 所示，龙门架连接方法如图 7-3 所示。

附墙架应通过预埋件、穿墙螺栓或穿墙管件等方式与建筑主体连接。连接时宜采用紧固配件进行，但应确保该配件自身有足够的连接强度，严禁采用钢丝、铜线等非刚性绑扎方式进行连接；同时，不得将附墙架与建筑脚手架相牵连，附墙架与建筑连接点的构造如图 7-4 所示。

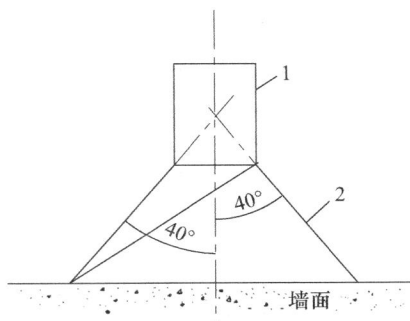

图 7-1　内置式井架附墙连接示意图
1—井架的架体；2—附墙杆

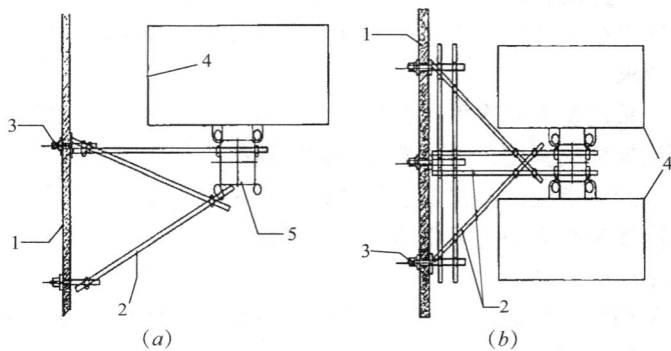

图 7-2　外置式井架物料提升机连接示意图

（a）单笼附墙；（b）双笼附墙

1—建筑物；2—附墙杆；3—穿墙螺栓；4—吊笼；5—架体立柱

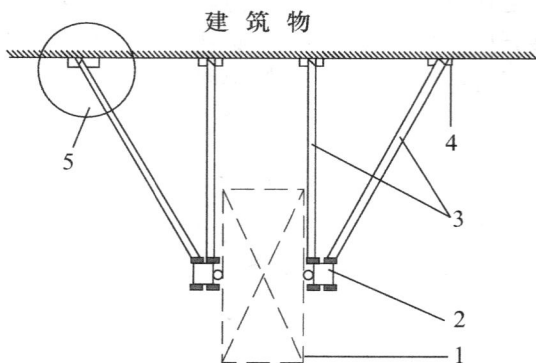

图 7-3　龙门架型钢附墙架与预埋件连接

1—吊笼；2—龙门架立柱；3—附墙架；4—预埋件；5—节点

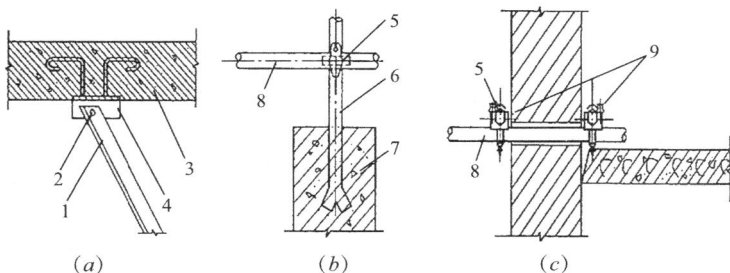

图 7-4 附墙杆与建筑连接点的构造

（a）节点详图；（b）钢管与预埋钢管连接；
（c）架体钢管伸入墙内用横管夹住墙体

1—附墙架杆件；2—连接螺栓；3—建筑物结构；4—预埋件；5—扣件；
6—预埋短管；7—钢筋混凝土梁；8—附墙架杆；9—横管

7.1.5 缆风绳

若低架物料提升机受施工现地条件限制，无法设置附墙架时，可采用缆风绳对提升机架体结构进行固定。稳固时，可将缆风绳的下端固定在物料提升机的地锚构件上，缆风绳上端与架体连接，连接后应确保缆风绳自升张紧，并保持架体垂直和稳定。

对于高架物料提升机在通过缆风绳固定时应采用钢丝绳，不得采用钢丝、钢筋和麻绳等代替，严禁使用软索固定。钢丝绳应能承受足够的拉力，选用时应根据现场实际情况计算确定。缆风钢丝绳的直径不得小于 9.3mm，安全系数不得小于 3.5。

缆风绳与架体的连接应设置在主杆位与腹杆节点等加强处，并采用护套、连接耳板和卸扣等进行连接，防止架体钢材等棱角对缆风绳造成剪切破坏。

7.1.6 地锚

所谓地锚，是对架体缆风绳和卷扬机拽引机锚索钢丝绳进行拴固的构件。对物料提升机架体进行稳固时，如通过采用缆风绳实现该目标，则应将其与地锚进行连接。不应将缆风绳拴固在树木、电杆、脚手架和堆放材料的设备上。地锚的形式通常有水平式、桩式和压重式三种。

（1）水平式和桩式地锚

水平式和桩式地锚在设置方式上均属埋入式地锚，因此，都敷设在地层下部，主要是借助土层自身的重力和地锚构件与周边土壤的摩擦力，来承受缆风绳或锚索的拉力。地锚的设置，应根据土质情况及受力大小，经设计计算来确定。地锚宜采用水平式固定。当土质坚实，地锚受力小于15kN时，也可选用桩式地锚。桩式地锚的设置形式，如图7-5所示。

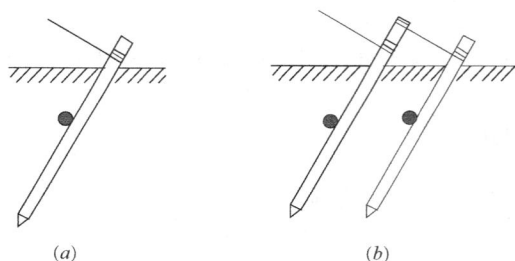

（a）   （b）

图7-5　桩式地锚

（a）单桩地锚；（b）双桩地锚

当地锚无设计规定时，其规格和形式可按以下情况选用：

1）水平地锚可按表7-1选用。

水平地锚参数表　　　　　　　　表7-1

作用载荷（N）	24000	21700	38600	29000	42000	31400	51800	33000
缆风绳水平夹角（°）	45	60	45	60	45	60	45	60
横置木（中240mm）根数×长度（mm）	1×2500		3×2500		3×3200		3×3300	
埋设深度（m）	11.7		11.7		1.8		2.2	
压板（密排圆木）长（mm）×宽（mm）					800×3200		800×3200	

注：本表按下列条件确定：木材容许应力11MPa；填土密度为1600kg/m²；
　　土层内摩擦角为45°。

2）桩式地锚

当采用单木桩时，圆木直径不小于 20mm，埋深不应小于 1.1m，并在桩前上方和后下方分别设置两根横挡木。

当采用 ϕ48 脚手钢管或 L 75×6 角钢时，应不少于两根且并排设置，间距控制在 0.5～1.0m，夯入深度不应小于 1.7m；桩顶部应设有缆风绳防滑措施。

（2）压重式地锚

压重式地锚也称重力地锚，该类型地锚构件主要适用于受土层条件所限无法开挖埋设的情况。压重式地锚通常设有一钢架底座，底座上设有锚点耳板。缆索绳通过卸扣、耳板拴固在钢架上。锚固力的大小与底座上的压重多少相关，应通过设计计算。计算时，应充分注意钢架底座与地面的摩擦系数，为保证地锚不滑动，压重应大于所需的计算重力，其安全系数 k 不应小于 2，如图 7-6 所示，计算如式（7-1）、式（7-2）所示。

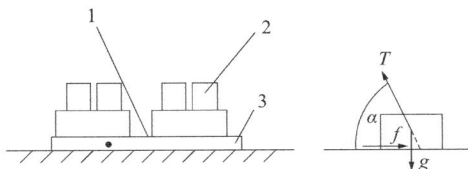

图 7-6　地锚示意图
1—缆风绳；2—压重；3—底架

$$g \geqslant \frac{T \times \cos\alpha}{F} \qquad (7\text{-}1)$$

$$g \geqslant T \times \sin\alpha \qquad (7\text{-}2)$$

式中　g——计算重力；

　　　f——钢架底座与地面的摩擦系数；

　　　T——缆风绳（锚索）拉力；

　　　α——缆风绳与地面的夹角。

实际压重 G 应满足式（7-3）要求：

$$G = k \times g \qquad (7\text{-}3)$$

7.2 物料提升机的安全装置

物料提升机的安全装置包括安全停靠装置、断绳保护装置、上极限限位器、下极限限位器、紧急断电开关、缓冲器、超载限制器、信号装置和通信装置等。低架提升机应设置的安全装置包括：安全停靠装置、断绳保护装置、上极限限位器、紧急断电开关和信号装置等安全装置；对于高架提升机的安全装置除应设置低架提升机全部的安全装置外，还要设置下极限限位器、缓冲器、超载限制器和通信装置。

7.2.1 安全停靠装置

安全停靠装置的主要作用是当吊笼运行到位、出料门打开后，如突然发生钢丝绳断裂，吊笼能可靠地悬挂在架体上，避免发生吊笼坠落、保护施工人员安全的作用。该安全装置能使吊笼可靠定位，并能承受吊笼自重、额定载荷、装卸物料人员重量及装卸时的工作载荷。此时钢丝绳应不受力，只起保险作用。停靠装置为非标部件、形式不一，有手动机械式，也有弹簧自动及电磁联动式；挂靠吊笼的部件是挂钩、锁块，也可以是弹闸、销轴。不论采用何种形式，在吊笼停靠时，都必须保证与架体可靠连接。

（1）插销式楼层安全停靠装置

如图 7-7 所示，为一吊笼内置式井架物料提升机插销式楼层停靠装置。其主要由安装在吊笼两侧的吊笼上部对角线上的悬挂插销、连杆、转动臂和吊笼出料门碰撞块以及安装在井架架体两侧的三角形悬挂支架等组成，工作原理是：当吊笼在某一楼层停靠，打开吊笼出料门时，出料门上的碰撞块推动停靠装置的转动臂，并通过连杆使得插销伸出，悬挂在井架架体上的三角形悬挂支撑架上；当出料门关闭时，连杆驱动插销缩回，从三角形悬挂支撑架上脱离，吊笼可正常升降工作。上述停靠装置，也可不与门联动，在靠出料门一侧，设置把手，在人员进入吊笼前，拨动把手，使插销伸出挂在架体上；当人员出笼后，恢复把手位置，插销缩进。

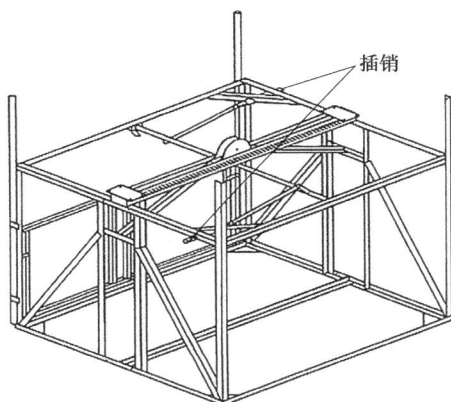

插销

图 7-7   插销式楼层停靠装置示意图

该装置在使用中应注意：吊笼下降时必须完全将出料门关闭后才能下降，同样吊笼停靠时必须将门完全打开后，才能保证停靠装置插销完全伸出，使吊笼与架体可靠连接。

（2）牵引式楼层安全停靠装置

牵引式楼层停靠装置的工作原理是，利用断绳保护装置作为制动装置，当吊笼出料门打开时，出料门上的碰撞块推动停靠装置的转动臂并通过断绳保护装置的滚轮悬挂板上的钢丝绳牵引带动楔块夹紧在导轨架上，以防止吊笼坠落，如图 7-8 所示。该安全装置的优点是不需要在架体上安装停靠支架，缺点是当吊笼的联锁门开启不到位或拉索断裂时，易造成停靠失效。因此，使用时应特别注意停靠制动的有效性。

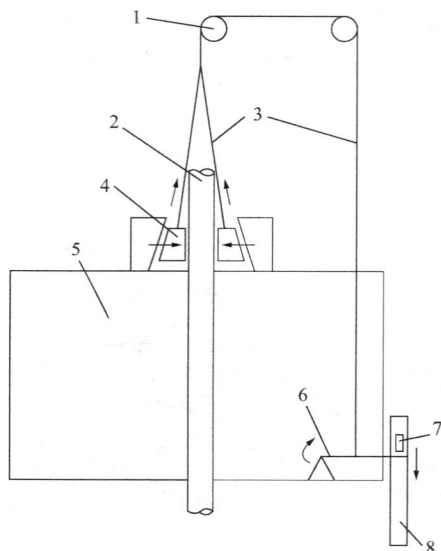

图 7-8　牵引式层楼停靠装置
1—导向滑轮；2—导轨；3—拉索；4—楔块抱闸；5—吊笼；
6—转动臂；7—碰撞块；8—出料门

（3）联锁式楼层安全停靠装置

　　该装置是当吊笼到达指定楼层，工作人员进入吊笼之前，要开启上下推拉的出料门。其工作原理是，当吊笼出料门向上提升时，吊笼门平衡重 1 下降，拐臂杆 2 随之向下摆，带动拐臂 4 绕转轴 3 顺时针旋转，随之放松拉线 5。插销 6 在压簧 7 的作用下伸出，挂靠在架体的停靠横担 8 上。吊笼升降之前，必须关闭出料门，门向下运动，吊笼门平衡重 1 上升，顶起拐臂杆 2，带动拐臂 4 绕转轴 3 逆时针旋转，随之拉紧拉线 5，拉线将插销从横担 8 上抽回并压缩压簧 7，吊笼便可自由升降，如图 7-9 所示。

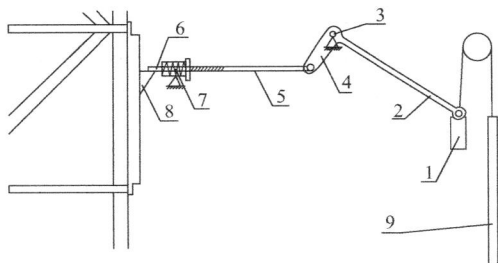

图 7-9　联锁式楼层安全停靠装置示意图
1—吊笼门平衡重；2—拐臂杆；3—转轴；4—拐臂杆；5—拉线；
6—插销；7—压簧；8—横担；9—吊笼门

7.2.2　断绳保护装置

　　断绳保护装置，又称防坠安全装置。当钢丝绳突然断裂或钢丝绳尾部的固定松脱，该装置能立刻动作，使吊笼可靠停住并固定在架体上，阻止吊笼坠落。防坠安全装置的形式较多，从简易到复杂，有一个逐步完善的发展过程。20 世纪 80 年代前，多采用弹闸、杠杆挂钩等简易瞬时式防坠装置。由于该类型装置产生的冲击力较大，易对架体缀杆和吊笼造成损伤。为改变这种弊病，逐步出现了夹钳式、楔块抱闸式和旋撑制动式等较复杂的渐进式防坠装置。吊笼在坠落过程中依靠偏心轮、斜楔或旋撑杆的作用，逐渐接近架体上的导轨，直至将摩擦构件压紧并锁住，最终使吊笼牢固地固定在导轨上。因锁紧作用的发生有一个延时过程，冲击力衰减，对架体和吊笼损伤较小。采用此类防坠装置必须保证摩擦锁紧效果，注意保持导轨和偏心轮、斜楔或旋撑杆的清洁，尤其锁紧面不得沾有油污。

　　任何形式的防坠安全装置，当断绳或固定松脱时，吊笼锁住前的最大滑行距离，在满载情况下不得超过 1m。

　　（1）弹闸式防坠装置

　　该装置的工作原理是：当起升钢丝绳 4 断裂，弹闸拉索 5 失去张力，弹簧 3 推动弹闸销轴 2 向外移动，使销轴 2 卡在架体缀

147

杆 6 上，瞬间阻止吊笼坠落。该装置在作用时对架体缀杆和吊笼产生较大的冲击力，易造成架体缀杆和吊笼损伤，如图 7-10 所示。由于该装置存在设计缺陷，目前新型的提升机已很少采用，改用其他类型的保护装置。

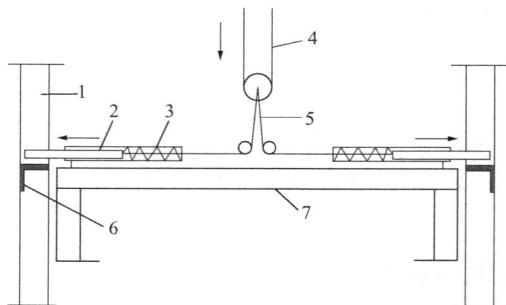

图 7-10　弹闸式防坠装置示意图
1—架体；2—弹闸；3—弹簧；4—起升钢丝绳；5—弹闸拉索；
6—架体横缀杆；7—吊笼横梁

（2）夹钳式断绳保护装置

夹钳式断绳保护装置的防坠制动工作原理是：当起升钢丝绳然发生断裂，吊笼处于坠落状态时，吊笼顶部带有滑轮的平衡梁在吊笼两端长孔耳板内由于自重作用下移时，此时防坠装置的一对制动夹钳在弹簧力的推动下，迅速夹紧在导轨架上，从而避免了吊笼坠落。当吊笼在正常升降时，由于滑轮平衡梁在吊笼两侧长孔耳板内抬升上移并通过拉环使得防坠装置的弹簧受到压缩，制动夹钳脱离导轨，如图 7-11 所示。

（3）拨杆楔形断绳保护装置

该装置的工作原理是，当吊笼起升钢丝绳发生意外断裂时，滑轮 1 失去钢丝绳的牵引，在自重和拉簧的作用下，沿耳板 3 的竖向槽下落，传力钢丝绳 4 松弛，在拉簧 2 的作用下，摆杆 6 绕转轴 7 转动，带动拨杆 8 偏转，拨杆上挑，通过拨销 9 带动楔块 10 向上，在锥度斜面的作用下抱紧架体导轨，使吊笼迅速有效制动，防止吊笼坠落事故发生。正常工作时则相反，吊笼钢丝绳提起滑轮 1，绷紧传力钢丝绳 4，在传力钢丝绳 4 的拉力下，摆杆 6 绕转轴 7 转动，带动拨杆 8 反向偏转，拨杆下压，通过拔销 9、带动楔块 10 向下，在锥度斜面的作用下，使楔块与架体导轨松开，如图 7-12 所示。

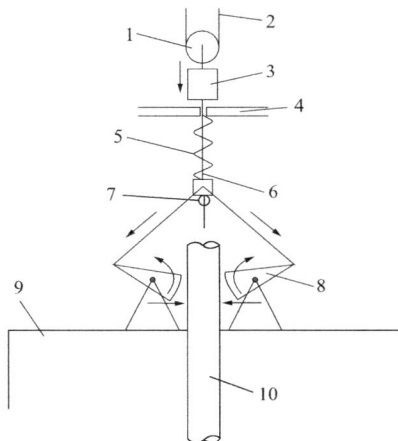

图 7-11　夹钳式断绳保护装置
1—提升滑轮；2—提升钢丝绳；3—平衡梁；4—防坠器架体（固定在吊篮上）；
5—弹簧；6—拉索；7—拉环；8—制动夹钳；9—吊篮；10—导轨

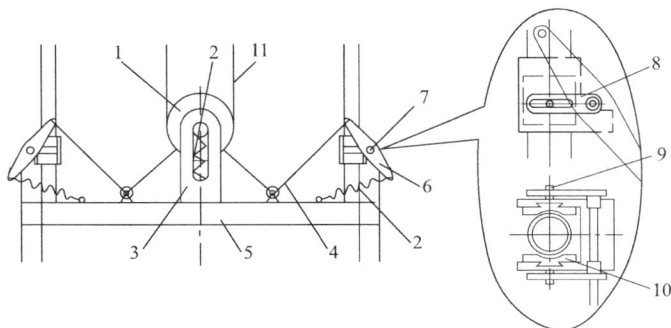

图 7-12　拨杆楔形断绳保护装置
1—滑轮；2—拉簧；3—耳板；4—传力钢丝绳；5—吊笼；6—摆杆；
7—转轴；8—拨杆；9—拔销；10—楔块；11—起升钢丝绳

（4）旋撑制动保护装置

旋撑制动保护装置具有一具浮动支座，支座的两侧分别由旋转轴固定两套撑杆、摩擦制动块、拨叉、支杆、弹簧和拉索等组成。该装置在使用时如提升机钢丝绳 6 断裂时，拉索 4 松弛，弹簧拉动拨叉 2 旋转，提起撑杆 7，带动两摩擦块向上并向导轨方向运动，卡紧在导轨上，使浮动支座停止下滑，进而阻止吊笼向下坠落，如图 7-13 所示。

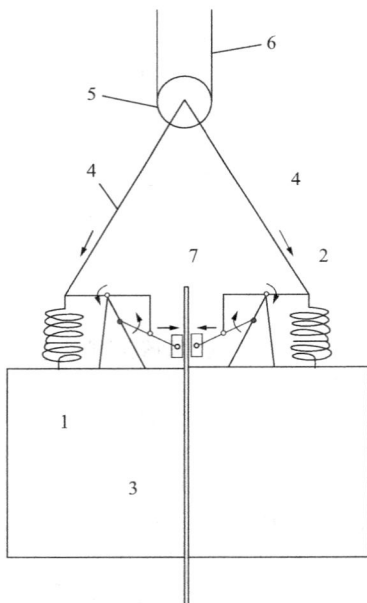

图 7-13　旋撑制动保护装置

1—吊笼；2—拨叉；3—导轨；4—拉索；5—吊笼提升动滑轮；
6—提升机钢丝绳；7—撑杆

（5）惯性楔块断绳保护装置

该装置主要由悬挂弹簧、导向轮悬挂板、楔形制动块、制动架、调节螺栓、支座等组成。防坠装置分别安装在吊篮顶部两侧。该断绳保护装置的制动主要是利用惯性原理使得防坠装置的制动块在吊笼突然发生钢丝绳断裂下坠时能紧紧夹在导轨架上。当吊笼在正常升降时，导向轮悬挂板悬挂在悬挂弹簧上，此时弹簧处于压缩状态，同时楔形制动块与导轨架自动处于脱离状态。当吊笼起升钢丝绳突然断裂时，由于导向轮悬挂板突然发生失重，原来受压的弹簧突然释放，导向轮悬挂板在弹簧力的推动作用下向上运动，带动楔形制动块紧紧夹在导轨架上，从而避免发生吊笼的坠落，如图 7-14 所示。

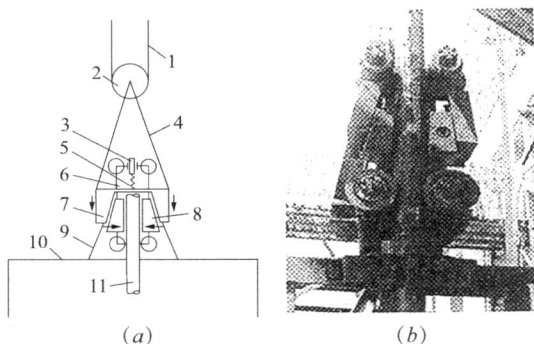

图 7-14 惯性楔块断绳保护置
（a）防坠工作原理； （b）外观实物照片
1—提升钢丝绳；2—吊笼提升动滑轮；3—调节螺栓；4—拉索；5—悬挂弹簧；
6—导向轮悬挂板；7—制动架； 8—楔形制动块；9—支座；
10—吊笼；11—导轨

7.2.3 限位限载装置

（1）上极限限位器

为防止操作人员误操作或机电故障引起的吊笼上升时的失控，应在吊笼允许提升的最高工作位置设置限位装置，一般由可自动复位的行程开关和撞铁组成；也可以在卷扬机的钢丝绳卷筒轴端设置限位开关。当吊笼达到极限位置时即自行切断电源（指可逆卷扬机），此时吊笼只能下降，不能上升。该极限位置应在吊笼顶的最高处离天梁最低处距离不小于 3m 的地方，该距离称为吊笼的越程距离。

（2）下极限限位器

为防止吊笼下降时超越最低的极限位置，造成意外事故，在吊笼允许达到的最低规定位置处设置该装置，和上极限限位器类同，一般也由可自动复位的行程开关和撞铁组成。当吊笼达到极限位置时，应在吊笼碰到缓冲器前即动作并自行切断电源。此时，吊笼只能上升，不能下降。

（3）超载限制器

超载限制器是高架物料提升机重要的安全装置。当起升载荷超过额定载荷时，该装置能输出电信号，切断起升控制回路，并能发出警报，达到防止物料提升机超载的目的。常用的超载限制器有机械式和电控式两种。机械式超载限制器的主要传感元件为触板和弹簧，触板随载荷增大而变形，达到一定程度时克服弹簧的弹力，触动行程开关切断起升电源，吊笼不能上升，只有卸载到额定载重量后才能通电启动；电控式超载限制器通过限载传感器和传输电缆，将载重量变换成电信号，超载时切断起升控制回路电源，在卸荷到额定值时才恢复通电，方能启动。超载限制器应在荷载达到额定荷载的 90% 时，即发出警报，以引起司机和运料人员的注意，超过额定荷载时即切断起升电源。曳引机传动的物料提升机也应设置超载限制器。

（4）紧急断电开关

紧急断电开关简称急停开关，应装在司机容易控制的位置，采用非自动复位的红色按钮开关。在紧急情况下，能及时切断电源。排除故障后，必须人工复位，以免误动作，确保安全。

（5）缓冲器

为缓解吊笼超过最低极限位置或意外下坠时产生的冲击，在架体底部设置的一种弹性装置，可采用螺旋弹簧、钢板锥卷弹簧或弹性实体，如橡胶等。该装置应在吊笼以额定载荷和速度作用其上时，承受并吸收所产生的冲击力。

7.2.4　信号和通信装置

（1）信号装置

信号装置是一种由司机控制的音响或灯光显示装置，目的是以使各层装卸物料的人员清晰听到或看到。该装置通常是在架体或吊笼上装设警铃或蜂鸣器，由司机操作鸣响开关，通知有关人员吊笼的运行状况。

（2）通信装置

如因架体较高且吊笼停靠楼层较多时，司机无法清楚判断作业及指挥人员信号时，应加设电气通信装置。该装置必须是一个闭路双向通信系统，确保司机能与每楼层通话联系。一般是在楼层上装置呼叫按钮，由装卸物料的人员使用，司机可以清晰地了解使用者的需求，并通过音响装置给予回复。

（3）可视安全系统

由于操作人员通常在地面，不随吊笼上下，不了解吊笼的停靠和装卸情况，容易产生误操作，该装置的图像传感器安装在吊笼的进料口，使司机能在显示器上清楚看到平层情况，吊笼所在楼层的人员进出和材料装卸的情况。

7.3　物料提升机的防护设施

7.3.1　安全门和防护棚

（1）底层围栏和安全门

为防止出现物料提升机作业区周围闲杂人员进入提升机内，以及散落物坠落伤人的情况，应在底层应设置不低于 1.5m 高的围栏，并在进料口设置安全门。

（2）停层平台及平台门

为避免施工作业人员进入运料通道时不慎坠落，宜在每层楼通道口设置停层平台以及常闭状态的平台门或栏杆，只有在吊笼运行到位时才能打开。宜采用联锁装置的形式，门或栏杆的强度应能承受 1kN（约 100kg）的水平荷载。

（3）上料口防护棚

物料提升机的进料口是运料人员经常出入和停留的地方，吊笼在运行过程中有可能发生坠物伤人事故，因此在地面进料口搭设防护棚十分必要。应根据吊笼运行高度、坠物坠落半径，搭设防护棚。

（4）警示标志

物料提升机进料口应悬挂严禁乘人的标志，如图 7-15 所示。

图 7-15　禁止乘人标志

（5）操作室防护棚

物料提升机应搭设操作室，操作室应定型化装配式，高度不低于 2.5m，并有安全防护和防雨功能。

7.3.2　电气防护

物料提升机应当采用 TN-S 接零保护系统，也就是工作零线（N 线）与保护零线（PE 线）分开设置的接零保护系统。

（1）提升机的金属结构及所有电气设备的金属外壳应接地，其接地电阻不应大于 10Ω；

（2）若在相邻建筑物、构筑物的防雷装置保护范围以外的物料提升机应安装防雷装置；

1）防雷装置的冲击接地电阻值不应大于 30Ω；

2）接闪器（避雷针）通常采用长度 1～2m、直径为 φ16 的镀锌圆钢；

3）提升机的架体可作为防雷装置的引下线，但必须有可靠的电气连接。

（3）物料提升机电气设备的防雷接地系统，所连接的 PE 线必须同时做重复接地；

（4）同一台物料提升机的重复接地和防雷接地可共用同一接地体，但接地电阻应符合重复接地电阻值的要求；

（5）接地体可分为自然接地体和人工接地体两种。

1）自然接地体是指原已埋入地下并可兼作接地用的金属物体。如原已埋入地中的直接与地接触的钢筋混凝土基础中的钢筋结构、金属井管和非燃气金属管道等，均可作为自然接地体。利用自然接地体，应保证其电气连接和热稳定。

2）人工接地体是指人为埋入地中直接与地接触的金属物体。用做人工接地体的金属材料通常采用圆钢、钢管、角钢、扁钢及其焊接件，但不得采用螺纹钢和铝材。

8 物料提升机的使用与维护保养

为了确保物料提升机的使用安全，预防在使用中发生重大安全事故，物料提升机使用单位应当建立物料提升机的验收、检查和维护保养制度，制定安全操作规程。物料提升机司机应严格按照操作规程进行操作，维护人员要经常性的对物料提升机进行检查，掌握机械状况变化和磨损发展情况，及时进行维护保养，消除隐患，预防突发故障和事故。

8.1 物料提升机使用前的准备

物料提升机安装后必须经过调试、检查与验收等准备工作后才能投入正常使用。调试、检查和验收是物料提升机正常、安全使用的必要程序。

8.1.1 调试

物料提升机的调试是通过试验来进行的，通常根据物料提升机的使用技术要求反复进行试验、调整，再试验、再调整，直至所有需要调试的项目均达到使用技术要求为止。物料提升机安装后的调试主要有以下项目：

（1）电动卷扬机制动器的调试

卷扬机一般都采用电磁铁闸瓦（块式）制动器，影响制动效果的因素主要是主弹簧的张力及制动块与制动轮的间隙。提升机安装后，应进行制动试验，吊笼在额定载荷运行制动时如有下滑现象，就应调整制动器。因调整主弹簧的张力同时也影响推杆行程及制动块间隙，因此可对两个调整螺钉同时进行调整；调整间隙应根据产品不同型号及说明书要求进行，无资料时，间隙一般可控制在 0.8 ～ 1.5mm 之间。调整后必须进行额定载荷下的制动试验。

（2）架体垂直度的调整

架体是物料提升机的主要承载结构，安装和使用过程中必须保证其垂直度，才能达到设计的承载能力。

架体垂直度的调整应在架体安装过程中按不同高度分别进行，每安装两个标准节时应设置临时支撑或缆风绳，此时即进行架体的垂直度校正；安装相应高度附墙架或缆风绳时再进行微量调整，安装达预定高度后进行垂直度复测。垂直度测量时，先将吊笼下降至地面，使用线锤或经纬仪从吊笼垂直于长度方向（X向）与平行于吊笼长度方向（Y向）分别测量架体的垂直度，重复 3 次取平均值，并做记录，安装垂直度偏差应保持在 3/1000以内，且不得大 200mm。

（3）缆风绳张力的调整

缆风绳是保持物料提升机架体稳定的重要构件，为保证架体的稳定，缆风绳在安装时应及时张紧，建筑物料提升机缆风绳通常采用花篮螺栓来张紧，张紧力的大小可以用测力计直接测量，也可以通过测量缆风绳的垂度（钢丝绳在自重下，与张紧后理想直线间的偏移距离）来间接判断，一般缆风绳的垂直度不应大于缆风绳长度的 1%。但由于现场条件的限制，很难精确测量，可在花篮螺栓调紧时用手感觉进行经验判断。

（4）导靴与导轨间隙的调整

在吊笼就位穿绕钢丝绳后，开动卷扬机，使吊笼离地 0.5m以下，按设备使用说明书要求调整导靴与导轨间隙。说明书没有明确要求的，可控制在 5 ～ 10mm 以内。

（5）上、下极限限位的调试

上下极限限位装置是物料提升机的重要安全装置。上极限限位的位置应满足 3m 的越程距离；高架提升机的下极限限位，应在吊笼碰到缓冲器前就动作，否则应调整行程开关或撞铁的位置。安装和调整后要进行运行试验，直至符合要求。

（6）断绳保护装置调试

对渐进式（楔块抱闸式）的安全装置，可进行坠落试验。试验时将吊笼降至地面，先检查安全装置的间隙和摩擦面清洁情况，符合要求后按额定载重量在吊笼内均匀放置；将吊笼升至3m左右，利用停靠装置将吊笼挂在架体上，放松提升钢丝绳1.5m左右，然后松开停靠装置，模拟吊笼坠落，吊笼应在1m距离内可靠停住。超过1m时，应在吊笼降地后调整楔块间隙，重复上述过程，直至符合要求。

其他类型的断绳保护装置的调试可按其说明书要求进行。

（7）超载限制器调试

将吊笼降至离地面200mm处，逐步加载，当载荷达到额定载荷90%时应能报警；继续加载，在超过额定载荷时，即自动切断电源，吊笼不能启动。如不符合上述要求，应通过调节螺栓螺母改变弹簧的预压缩量来进行调整。

（8）电气装置调试

物料提升机安装完毕后，应对电气开关、升降按钮、急停开关等进行检查和试验。例如试验升降按钮、急停开关是否可靠有效，漏电保护器是否灵敏，接地防雷装置是否可靠连接等。

（9）通信装置调试

物料提升机使用前应对声音信号、视频信号等通信装置进行调试试验，以确保通信正常。

8.1.2　自检

物料提升机安装完毕，在正式投入使用前，应当按照安全技术标准及安装使用说明书的有关要求对物料提升机钢结构件、提升机构、附墙架或缆风绳、安全装置和电气系统等进行自检，自检的主要内容与要求见表8-1。

物料提升机安装使用前自检项目及要求 表 8-1

检查项目	序号	检查内容	要求	结果
架体	1	架体外观	无可见裂纹、严重变形和锈蚀	
	2	螺栓连接件	齐全、可靠	
	3	连接销轴	齐全、可靠	
	4	垂直度	偏差值不大于 3/1000，且不大于 200mm	
	5	吊笼导轨	导轨无明显变形、接缝无明显错位、吊笼运行无卡阻，导轨接点截面错位不大于 1.5mm	
	6	架体开口处	须有效加固	
	7	底架与基础的连接	应可靠	
吊笼	8	吊笼外观	无可见裂纹、严重变形和锈蚀	
	9	底板	应牢固、无破损	
	10	安全门	应灵活、可靠	
	11	周围挡板、网片	高度不小于 1m，且安全、可靠	
附着装置或缆风绳	12	附着装置连接	符合设计或说明书要求，且不能与脚手架等临时设施相连	
	13	附着装置间距	应符合说明书要求，且应不大于 9m	
	14	附墙后自由端高度	应符合说明书要求，且应不大于 6m	
附着装置或缆风绳	15	缆风绳安装	应符合说明书要求，且地夹角应不大于 60°	
	16	缆风绳直径	应符合说明书要求，且应不小于 9.3mm	
	17	缆风绳数量	提升机高度 20m 及以下时，不少于 1 组 4 根；大于 20m 时，不少于 2 组 8 根	

检查项目	序号	检查内容	要求	结果
提升机构	18	卷扬机生产制造许可证、产品合格证	齐全、有效	
	19	钢丝绳完好度	应完好，达到报废标准的应报废	
	20	钢丝绳尾部固定	有防松性能、符合设计要求	
	21	卷筒排绳	应整齐、容绳量能满足	
	22	钢丝绳在卷筒上最少余留圈数	不少于 3 圈	
	23	卷筒两侧边缘的高度	超过最外层钢丝绳高度应不大于 2 倍钢丝绳直径	
	24	滑轮直径	应与钢丝绳匹配，低架 $D \geqslant 25d$，高架 $D \geqslant 30d$	
	25	机架固定	应牢固可靠	
	26	联轴器	应工作可靠	
	27	制动器	有效、可靠	
	28	控制盒	按钮式应点动控制，手柄式应零位保护；并均有急停开关，采用安全电压	
	29	操作棚	有防雨、防砸等防护功能，视线良好	
	30	摇臂把杆	工作夹角和范围应符合说明书要求，不得与缆风绳干涉且设保险绳	
	31	停层安全保护装置	应设，安全可靠	
	32	断绳保护装置	应安全可靠，坠落距离不大于 1m	
	33	上限位	应灵活有效，越程不小于 3m	

检查项目	序号	检查内容	要求	结果
提升机构	34	下限位	高架机应设置，且灵活有效	
	35	层楼安全门	应安全可靠	
	36	底层安全围护、安全门	围护高度不小于 1.5m，安全门和连锁装置有效	
	37	上料防护棚	符合规定、有防护功能	
	38	超载限制器	高架机应设置，且灵敏可靠	
	39	缓冲装置	高架机应设置，且有效可靠	
	40	卷筒防脱绳保险	应设置，且有效可靠	
	41	滑轮防钢丝绳跳槽装置	应设置，且有效可靠	
	42	接地装置	应外露牢固，接地电阻不大于 10Ω	
	43	通信或联络装置	应设置	
	44	漏电开关	应单独设置	
电气和标志	45	绝缘电阻	应不小于 0.5MΩ	
	46	层楼标志	齐全、醒目	
	47	限载标志	应设置、醒目	
	48	警示标牌	挂醒目位置，内容符合现场要求	
试验	49	空载试验	各机构动作应平稳、准确，不允许有震颤、冲击等现象	
	50	额定载荷试验	各机构动作应平稳、无异常现象；模拟断绳试验合格，架体、吊笼、导轨等无变形	
	51	超载试验（额定载荷的 125%）	动作准确可靠，无异常现象，金属结构不得出现永久变形、可见裂纹、油漆脱落以及连接损坏、松动等现象	

8.1.3 试验

物料提升机安装完毕后，应进行空载、额定荷载和超载试验，试验可按如下方法进行：

（1）空载试验

在空载情况下以提升机各工作速度进行上升、下降、变速和制动等动作，在全行程范围内，反复试验，不得少于3次；

在进行上述试验的同时，应对各安全装置进行灵敏度试验；

对双吊笼提升机，应对各单吊笼升降和双吊笼同时升降，分别进行试验；

空载试验过程中，应检查各机构动作是否平稳、准确，不允许有震颤、冲击等现象。

（2）额定载荷试验

在吊笼内施加额定荷载，使其重心位于从吊笼的几何中心，沿长度和宽度两个方向，各偏移全长的1/6的交点处。除按空载试验动作运行外，并应做吊笼的模拟断绳试验。试验时，将吊笼上升3～4m停住，进行模拟断绳试验。额定荷载试验：即按说明书中规定的最大载荷进行动作运行。

（3）超载试验

超载试验一般只在物料提升机第一次投入使用前，或经大修后进行，超载试验应符合下列规定：取额定荷载的125%（按5%逐级加荷），荷载在吊笼内均匀布置，做上升、下降、变速和制动（不做坠落试验）。动作准确可靠，无异常现象，金属结构不得出现永久变形、可见裂纹、油漆脱落以及连接损坏、松动等现象。

8.1.4 验收

物料提升机经安装单位自检合格后，使用单位应当组织产权（出租）、安装和监理等有关单位进行综合验收，验收合格后方可投入使用，未经验收或者验收不合格的不得使用；实行总承包的，由总承包单位组织产权（出租）、安装、使用和监理等有关单位进行验收。

验收内容主要包括技术资料、标识与环境以及自检情况等，具体内容参见表 8-2。

物料提升机综合验收表 表 8-2

使用单位		型号	
设备产权单位		设备编号	
工程名称		安装日期	
安装单位		安装高度	
检验项目	检查内容		检验结果
技术资料	制造许可证、产品合格证、制造监督检验证明、产权备案证明齐全、有效		
	安装单位的相应资质、安全生产许可证及特种作业岗位证书齐全、有效		
	安装方案、安全交底记录齐全有效		
	隐蔽工程验收记录和混凝土强度报告齐全有效		
	安装前零部件的验收记录齐全有效		
标识与环境	安装前零部件的验收记录齐全有效		
	产品铭牌和产权备案标识齐全		
自检情况	自检内容齐全，标准使用正确，记录齐全有效		
安装单位验收意见： 技术负责人签章： 日期：	使用单位验收意见： 项目技术负责人签章： 日期：		
监理单位验收意见： 项目总监签章： 日期：	总承包单位验收意见： 项目技术负责人签章： 日期：		

8.2　物料提升机的使用与管理

8.2.1　物料提升机管理制度

（1）设备管理制度

1）物料提升机应由设备部门统一管理，不得对卷扬机和架体分开管理。

2）物料提升机应纳入机械设备的档案管理，建立档案资料。

3）金属结构存放时，应放在垫木上；在室外存放，要有防雨及排水措施。电气、仪表及易损件要专门安排存放，注意防振、防潮。

4）运输物料提升机各部件时，装车应平整，尽量避免磕碰，同时应注意物料提升机的配套性。

（2）安全使用制度

1）物料提升机安装使用方案中应制定使用过程中的定期检测方案，并如实填写安装、使用、检测、自检记录。

2）在进场前，应结合现场情况，做好安装、调试等部署规划，并绘制出平面布置图。

3）安装前要进行一次全面的维修、保养，达到安全要求后再进行安装，使用期间按计划实施日常维修和保养。

4）操作人员的配备应保持相对稳定，严格执行定人、定机、定岗位，不得随意调动或顶班。

5）操作人员应严格执行操作规程，凡不按规定执行者均按违章处理。

6）在移动、清理、保养、维修时，必须切断电源，并设专人监护，在设备使用间隙或停电后，必须及时切断电源，挂停用标志牌。

7）凡因违章而发生机械损毁、人身伤亡事故者，都要查明事故原因及责任，按照"四不放过"的原则，严肃处理。

（3）安全教育制度

1）物料提升机安全操作知识应纳入"三级教育"内容。合格后，方可持证上岗，上岗人员必须定期接受再教育。

2）对安装和使用人员的教育内容包括：安全法规、本岗位职责、安全技术、安全知识、安全制度、操作规程、事故案例、注意事项和有关标准规范等，并有教育记录，归档备查。注意事项和有关标准规范等，并有教育记录，归档备查。

3）认真开展班前活动，并结合施工季节、施工环境、施工进度、施工部位及易发生事故的地点等，做好有针对性的分部分项安全技术交底工作。

4）各项培训记录、考核试卷、标准答案、考核人员成绩汇报表等均应归档备查。

（4）安全检查制度

1）项目部对物料提升机的安全检查每月不少于三次，工长、班组长每天检查一次；

2）按照《建筑施工安全检查标准》JGJ 59—2011对现场实施定期和不定期检查，重点检查制动和安全装置是否齐全有效；是否带病作业；是否有异常现象；金属结构部分是否开焊、开裂、变形；连接部位是否牢固可靠；是否定期保养、清洁；操作人员是否持证上岗；有无违章指挥、违章作业行为等。

3）对物料提升机的基础、架体垂直度、传动系统等，应定期检查和检测。并认真做好记录，备案待查。

4）对检查中发现的问题要采取相应措施，定人、定时间、定经费、定措施地进行整改，并及时进行复查，填写检查和整改记录表。

5）对违章指挥和违章操作行为进行严肃处理，并做好记录。

（5）维修保养制度

1）物料提升机应由专人负责管理和使用。实行"管用结合，人机固定"的原则，执行定人、定机、定岗位责任的"三定"制度。多班作业时，必须有交接班制度。

2）操作人员要熟悉本机情况，做到"四懂、三会"，即：懂原理、懂结构、懂性能、懂用途，会操作、会维修保养、会排查排除故障。

3）在用的物料提升机应保持技术性能良好，运行正常，安全装置齐全、灵敏、可靠。"失修"或"带病"的机械设备不得投入使用。

4）严格执行日常保养、换季保养、磨合期保养、停放保养制度。加强机械设备在作业前、运行中、作业后所进行的"清洁、紧固、调整、润滑、防腐"十字作业，保持设备的应有效能，消除事故隐患。

5）实行日常检查和定期检查相结合，并做好记录，归档备查。

（6）特种作业人员管理制度

1）对特种作业人员的管理应严格执行国家安全生产监督管理总局30号令《特种作业人员安全技术培训考核管理规定》，切实做好对特种作业人员的培训、考核和管理工作。

2）物料提升机司机属于特种作业人员，应年满18周岁，具有初中以上的文化程度，接受专门安全操作知识培训，经建设主管部门考核合格，取得《建筑施工特种作业操作资格证书》，方可从事物料提升机的操作工作。作为物料提升机司机应当遵守以下规定：每年须进行一次身体检查，矫正视力不低于5.0，没有色盲、听觉障碍、心脏病、贫血、梅尼埃病、癫痫、眩晕、突发性昏厥和断指等妨碍起重作业的疾病和缺陷。首次取得证书的人员实习操作不得少于三个月。否则，不得独立上岗作业。每年应当参加不少于24h的安全教育。

3）特种作业人员必须严格遵守有关规章制度，遵守劳动纪律，努力学习本工种专业技术和安全操作规程，提高预防事故和职业危害的能力。

4）特种作业人员应当正确使用和保管各种安全防护用具及劳动保护用品，善于采纳有利于安全作业的意见，对违章指挥作业者能及时予以指出，必要时向有关领导汇报。

5）持有特种作业操作证的人员，必须严格执行有关部门的证复审规定，按期限进行复审，凡超过时限未经复审者，不继续从事原岗位（工种）作业。

（7）交接班制度

交接班制度明确了物料提升机交接班司机的职责，交接程序和内容，是物料提升机使用管理的一项非常重要的制度。内容主要包括对物料提升机的检查、设备运行情况记录、存在的问题和应注意的事项等，交接班应进行口头交接，填写交接班记录，并经双方签字确认。物料提升机司机交接班记录见表8-3。

物料提升机司机交接班记录　　　　　表8-3

工程名称		设备编号		
设备型号		运转台时		天气
1	本班设备运行情况：			
2	本班设备作业项目及内容：			
3	本班应注意的事项：			
交班人（签名）：		接班人（签名）：		
交接时间：		年　月　日　时　分		

8.2.2　物料提升机的技术标准

目前物料提升机的主要技术标准主要是行业标准《龙门架及井架物料提升机安全技术规范》JGJ 88—2010，对于物料提升机司机来讲，应熟悉该标准的相关内容。

（1）基本规定

1）在下列条件下应能正常作业：环境温度为－20～＋40℃；导轨架顶部风速不大于20m/s；电源电压值与额定电压值偏差为±5%，供电总功率不小于产品使用说明书的规定值。

2）用于物料提升机的材料、钢丝绳及配套零部件产品应有出厂合格证。起重量限制器、防坠安全器应经型式检验合格。

3）传动系统应设常闭式制动器，其额定制动力矩不应低于作业时额定力矩的 1.5 倍。不得采用带式制动器。

4）具有自升（降）功能的物料提升机应安装自升平台，并应符合下列规定：兼做天梁的自升平台在物料提升机正常工作状态时，应与导轨架刚性连接；自升平台的导向滚轮应有足够的刚度，并应有防止脱轨的防护装置；自升平台的传动系统应具有自锁功能，并应有刚性的停靠装置；平台四周应设置防护栏杆，上栏杆高度宜为 1.0 ～ 1.2m，下栏杆高度宜为 0.5 ～ 0.6m，在栏杆任一点作用 1kN 的水平力时，不应产生永久变形；挡脚板高度不应小于 180mm，且宜采用厚度不小于 1.5mm 的冷轧钢板；自升平台应安装渐进式防坠安全器。

5）当物料提升机采用对重时，对重应设置滑动导靴或滚轮导向装置，并应设有防脱轨保护装置。对重应标明质量并涂成警告色。吊笼不应作对重使用。

6）在各停层平台处，应设置显示楼层的标志。

7）物料提升机额定起重量不宜超过 160kN；安装高度不宜超过 30m。当安装高度超过 30m 时，物料提升机除应具有起重量限制、防坠保护、停层及限位功能外，尚应符合下列规定：吊笼应有自动停层功能，停层后吊笼底板与停层平台的垂直高度偏差不应超过 30mm；防坠安全器应为渐进式；应具有自升降安拆功能；应具有语音及影像信号。

8）物料提升机应设置标牌，且应标明产品名称和型号、主要性能参数、出厂编号、制造商名称和产品制造日期。

（2）强制性规定

1）钢丝绳在卷筒上应整齐排列，端部应与卷筒压紧装置连接牢固。当吊笼处于最低位置时，卷筒上的钢丝绳不应少于 3 圈。

2）物料提升机严禁使用摩擦式卷扬机。

3）当荷载达到额定起重量的 90% 时，起重量限制器应发出警示信号；当荷载达到额定起重量的 110% 时，起重量限制器应切断上升主电路电源。

4）当吊笼提升钢丝绳断绳时，防坠安全器应制停带有额定起重量的吊笼，且不应造成结构损坏。自升平台应采用渐进式防坠安全器。

5）当物料提升机安装高度大于或等于 30m 时，不得使用缆风绳。

（3）使用管理

1）使用单位应建立设备档案，档案内容应包括下列项目：安装检测及验收记录；大修及更换主要零部件记录；设备安全事故记录；累计运转记录。

2）物料提升机必须由取得特种作业操作证的人员操作。

3）物料提升机严禁载人。

4）物料应在吊笼内均匀分布，不应过度偏载。

5）不得装载超出吊笼空间的超长物料，不得超载运行。

6）在任何情况下，不得使用限位开关代替控制开关运行。

7）物料提升机每班作业前司机应进行作业前检查，确认无误后方可作业。应检查确认下列内容：制动器可靠有效；限位器灵敏完好；停层装置动作可靠；钢丝绳磨损在允许范围内；吊笼及对重导向装置无异常；滑轮、卷筒防钢丝绳脱槽装置可靠有效；吊笼运行通道内无障碍物。

8）当发生防坠安全器制停吊笼的情况时，应查明制停原因，排除故障，并应检查吊笼、导轨架及钢丝绳，应确认无误并重新调整防坠安全器后运行。

9）物料提升机夜间施工应有足够照明，照明用电应符合现行行业标准《施工现场临时用电安全技术规范》JGJ 46—2005 的规定。

10）物料提升机在大雨、大雾、风速 13m/s 及以上大风等恶劣天气时，必须停止运行。

11）作业结束后，应将吊笼返回最底层停放，控制开关应扳至零位，并应切断电源，锁好开关箱。

8.2.3　物料提升机的检查

（1）物料提升机使用前的检查

物料提升机司机班前必须对操作的物料提升机进行检查和试车，检查和试车主要包括以下主要内容：

1）金属结构有无开焊、裂纹和明显变形现象。

2）架体各节点连接螺栓是否紧固。

3）附墙架的连接是否牢固，地锚与缆风绳的连接是否有松动。

4）钢丝绳、滑轮组的固结情况；卷筒的绕绳情况，发现斜绕或叠绕时，应松绳后重绕。

5）进行空载试运行，升降吊笼各一次，验证上下限位器和安全停靠装置是否灵敏可靠；观察吊笼运行通道内有无障碍物。

6）负载运行，检查制动器的可靠性和架体的稳定性。

7）各层接料口的栏杆和安全门是否完好，连锁装置是否有效，安全防护设施是否符合要求。

8）电气设备及操作系统是否可靠，信号及通信装置的使用效果是否良好清晰。

9）司机的视线是否清晰良好。

（2）物料提升机日常检查的主要内容

1）物料提升机基础固定，地锚设置到位、有效。

2）制动器的磨损、定位、失灵等情况。

3）卷筒上钢丝绳滑脱防护装置的合理性、可靠性。

4）使用半年以上的钢丝绳根据磨损状况，达到报废标准应立即报废。

5）双制动器的起升机构，每个制动器制动力矩的大小相等。

6）定期检查防爆外壳的防爆性，确保这些部件符合制造厂的技术指标要求。

7）联轴器上部的连接及螺钉的紧固情况。

8）物料提升机接触器、控制器触头的接触与腐蚀情况。

（3）物料提升机定期检查

物料提升机的定期检查应每月进行一次，检查内容包括：

1）金属结构有无开焊、锈蚀和永久变形。

2）架体及附墙架各节点的螺栓紧固情况。

3）提升机构（卷扬机）制动器、联轴器磨损情况，减速机和卷筒的运行情况。

4）钢丝绳、滑轮的完好性及润滑情况。

5）附墙架或缆风绳、地锚等有无松动。

6）安全装置和防护设施有无缺损、失灵。

7）电气设备的接零保护和接地情况是否完好。

8）进行断绳保护装置的可靠性、灵敏度试验。

定期检查记录的项目和内容可参照表8-4。

物料提升机检查记录表　　　　表8-4

序号	项目	检查内容	结果
1	架体稳定	架体垂直度	
2		架体基础	
3		缆风绳锚固	
4		地锚稳定	
5		附墙架	
6	吊笼	吊笼安全门	
7		导靴、导靴与导轨间隙	
8	传动系统	卷筒钢丝绳缠绕整齐	
9		卷筒、滑轮转动灵活	
10		卷筒、滑轮轮缘完好	
11		卷筒钢丝绳防脱保险装置齐全有效	
12	卷扬机	卷扬机地锚	
13		联轴器	
14		制动器	

序号	项目	检查内容	结果
15	钢丝绳	钢丝绳磨损、腐蚀、缺油	
16		绳夹固定	
17		钢丝绳拖地保护	
18	安全装置	断绳保护装置	
19		吊笼停靠装置	
20		上极限限位器	
21		缓冲器	
22		超载限制器	
23		下极限限位器	
24	楼层地面架体防护	卸料平台和通道两侧防护栏杆设置	
25		卸料平台和通道脚手板搭设	
26		卸料通道防护门	
27		地面进料口防护棚	
28		地面围栏	
29		地面进料口安全门	
30		架体外侧立网防护	
31	摇臂把杆	摇臂把杆	
32		溜绳	
33	信号装置	音响信号装置	
34	通信装置	双向电气通信系统	
35	电气控制	操作开关灵敏可靠	
36		漏电保护器灵敏可靠	

8.2.4 物料提升机安全操作规程

（1）安全操作规程的制订

操作规程是司机作业活动的准则，也是指导司机正确使用和操作的重要依据，因此不仅要认真制订，而且应制订得科学、合理和周密。安全操作规程的制定，应由企业的技术负责人组织会同设备和安全人员共同进行编制。安全操作规程一般应包括以下内容：

1）人员条件的要求：应在操作规程中明确提出司机人员的年龄、健康和文化程度的要求；酒后、疲劳、情绪异常等即时条件的限制；持证上岗及劳保防护用品使用；操作人员与运送物料人员的配合、协调等。

2）作业环境的要求：应在操作规程中规定物料提升机适用的环境条件，包括气象自然条件如不宜作业的恶劣天气、环境温度等；正常作业时电源电压波动范围的限制；夜间作业的照明条件；作业区的警示措施等。

3）操作注意事项：应在操作规程中详细阐明作业前、作业中、作业后应做好的工作，电气开关和安全装置的正确操作方法；使用中主要的注意事项及发生意外情况时的应急措施等。

4）维修保养的规定：为确保物料提升机良好的技术状态，避免事故隐患，应在操作规程中列出指导性的维修保养内容，包括简单故障的排除要领，日常及定期保养的周期、内容、注意事项等。

（2）物料提升机安全操作规程

物料提升机司机应遵守以下安全操作规程：

1）物料提升机司机必须经过有关部门专业培训，考核合格后取得特种作业人员操作资格证书，持证上岗。

2）必须定机、定人、定岗作业。

3）物料提升机司机必须进行班前检查和保养，作业前，检查卷扬机与地面固定情况：防护设施、电气线路，钢丝绳有无断丝磨损；制动器灵敏松紧适度，联轴器螺栓紧固，弹性皮圈完好无损坏缺少；接零接地保护装置良好；卷筒上绳筒保护完好不得缺挡松动；皮带、开式齿轮传动部位防护齐全有效，确认各类安全装置是否安全可靠，全部合格后方可使用。

4）物料提升机司机应在班前进行空载试运行。

5）开机前应先检查吊笼门是否关闭，货物是否放置平稳，有无伸出笼外部分。

6）物料在吊笼内应均匀分布，不得超出吊笼。长料立放和小车置于吊笼内，应采取防滚动措施；散料应装箱或装笼。

7）开机前须检查吊笼是否与其他施工件有连接，并随时注意建筑物上的外伸物体，防止与吊笼碰撞、挂拉。

8）严禁超载运行。

9）物料提升机司机操作时，高架提升机应使用通信装置联系。低架提升机在多工种、多楼层同时使用时，应设专门指挥人员，信号不清不得开机。作业中无论任何人发出紧急停车信号，应立即执行。

10）发现安全装置、通信装置失灵时应立即停机修复。

11）操作中或吊笼尚悬空吊挂时，物料提升机司机不得离开驾驶岗位。

12）当安全停靠装置没有固定好吊笼时，严禁任何人员进入吊笼；吊笼安全门未关好或人未走出吊笼时，不得升降吊笼。

13）严禁任何人员攀登、穿越提升机架体和乘坐吊笼上下。

14）发现安全装置、通信装置失灵时，应立即停机修复。

15）作业中不得将极限限位器当作停止开关使用。

16）使用中料物提升机司机必须时刻注意钢丝绳的状态，卷筒上钢丝绳应排列整齐，吊笼落至地面时，卷筒上钢丝绳至少应保留3圈。当重叠或叠绕时，应停机重新排列，严禁在转动中用手拉脚踩钢丝绳。

17）装设摇臂把杆的井字架，其吊笼与摇臂把杆不得同时使用。

18）闭合电源前或作业中突然停电时，应将所有开关扳回零位。在重新恢复作业前，应在确认提升机动作正常后方可继续使用。

19）物料提升机发生故障或维修保养必须停机，切断电源后方可进行；维修保养时应切断电源，在醒目处挂"正在检修，禁止合闸"的标志，现场须有人监护。

20）提升钢丝绳运行中不得拖地面和被水浸泡；必须穿越主要干道时，应挖沟槽并加保护措施；严禁在钢丝绳穿行的区域内堆放物料。

21）物料提升机司机不得擅离岗位，暂停作业离开时，应将吊笼降至地面并切断总电源。

22）作业结束后，应降下吊笼，将所有开关扳回零位，切断总电源，锁好物料提升机开关箱，防止其他人员擅自启动提升机。

8.2.5　物料提升机的操作

（1）物料提升机的操作步骤

1）在操作前，司机应首先按要求进行班前检查。

2）送电后，进行空载试运转，无异常后，方可正常作业。

3）物料进入吊笼内，笼门关闭后，发出音响信号示意，按下上升按钮使物料提升机吊笼向上运行。

4）运行到某一指定接料平台处，按下停止按钮，吊笼停止。

5）待物料推出吊笼外，笼门关闭后，发出音响信号示意，按下下降按钮使物料提升机吊笼向下运行，运行到地面，按下停止按钮，吊笼停止，完成一个操作过程。

（2）物料提升机的操作要求

1）司机作业前，应先进行空转，确认电气、制动以及环境情况良好才能操作，同时还需详细了解当班作业的主要内容和工作量。

2）物料提升机严禁搭载施工人员上下，严禁超载使用。

3）工作中司机要听从指挥人员的信号，信号不明或可能引起事故时应暂停操作，待弄清情况后方可继续作业。

4）作业中，任何人不得跨越钢丝绳，物体（物件）提升后，操作人员不得离开物料提升机。休息时吊笼应降至地面。

5）卷筒上的钢丝绳应排列整齐，司机发现重叠和斜绕时，应停机重新排列，严禁在转动中用手、脚拉踩钢丝绳。钢丝绳不许完全放出，最少应保留三圈在卷筒上。

6）物料提升机不得起吊或拖拉超过额定重量的物体。吊运重物需在空中停留时，除使用制动器外，同时须用棘轮保险卡牢。

7）物料提升机不得直接吊装高温物体，对于有棱角的物体要加护板。

8）吊笼停层必须要达到平层，确保安全。

9）作业中突然停电，应立即采用手动操作，将吊笼降至地面。

10）作业完毕后应切断电源，锁好操纵箱，关闭总电源，盖好防护罩，并做好清洁、润滑保养工作。

（3）紧急情况处理

在物料提升机使用过程中，有时会发生一些紧急情况，此时司机首先要保持镇静，采取一些合理有效的应急措施，等待维修人员排除故障，尽可能地避免或减少损失。

1）吊笼在运行时，突然停电：

吊笼在运行中突然断电时，司机应立即向周围人员发出示警，把各控制开关置于零位，关闭电气控制箱内的电源开关，防止突然来电时发生意外，并与有关人员联系，判明断电原因。若恢复供电时间较长，应采用手动方式下降吊笼，下降时需两人配合，一人按动制动器，一人观察指挥，控制吊笼下行速度，直至下降到安全位置。

2）吊笼在运行时，制动突然失灵物料提升机在行驶中或停层时，出现制动失灵现象时，司机应向周围人员发出示警，开动卷扬机，将吊笼降到地面，断开电源，由有关人员对制动器进行维修。

3）吊笼在运行时，钢丝绳突然被卡住：

吊笼在运行中钢丝绳突然被卡住时，司机应及时按下紧急断电开关，使卷扬机停止运行，向周围人员发出示警，把各控制开关置于零位，关闭控制箱内电源开关，并启动安全停靠装置。然后通知专业维修人员，交由专业维修人员对物料提升机进行维修。专业维修人员到达前，司机不得离开现场。

8.3 物料提升机的维护保养

8.3.1 维护保养的意义

物料提升机属于室外作业机械，作业环境较差，会遭受风吹、雨打、日晒等的侵蚀，灰尘沙土经常会落到机械各部分；运动部件会出现正常磨损或非正常损坏；运动副之间的配合间隙也会随着机器的使用发生变化；润滑油或油脂会自然损耗流失。因此，提升机在使用过程中，应对重要部件进行经常性的维护保养，如对提升机各润滑部位进行注油润滑等。如不及时地对物料提升机进行维护和保养，将会缩短其使用寿命，严重的甚至会造成机器的损坏。

为了使物料提升机经常处于完好状态和高效率的安全运转状态，避免和消除物料提升机在运转工作中可能出现的故障，提高物料提升机的使用寿命，物料提升机作业人员必须及时正确地做好物料提升机的维护保养工作。

8.3.2 维护保养的内容

物料提升机的维护保养分为日常保养和定期保养。

（1）日常维护保养每班开始工作前，应当进行检查和维护保养，包括目测检查和功能测试，日常检查应注意以下几点：

1）应按使用说明书的有关规定，对提升机的各润滑部位，注油或润滑脂。在无说明书时，可按序检查各有相对运动的部位，酌情加注润滑油（脂）。主要润滑点有：卷筒支承轴承、制动器推杆铰销、吊笼导靴（导轮）、各滑轮的轴承、停靠装置手柄和搁脚、弹闸式安全装置的弹闸、楔块抱闸式安全装置的弹簧滑槽。

2）对吊笼导靴涂抹油脂及楔块抱闸式安全装置注油应适量控制，不得使闸块摩擦面沾油，如检查沾有油污应及时清理干净。

3）钢丝绳应始终保持良好的润滑状态，如缺油可酌情涂抹润滑脂。涂抹应在专用槽道里进行，严禁在卷扬机运转时直接用手涂抹。

4）新卷扬机在首次使用时应注意减速机的磨合，磨合周期应符合说明书要求。磨合后的减速机应立即更换润滑油，如磨屑过多则应清洗后注入新润滑油。

5）检查制动器的闸块间隙，如过大或过小应及时调整；联轴器的弹性套失效时应及时更换。

6）物料提升机处于工作状态时不得进行保养工作，进行保养时应将所有开关置于零位，切断主电源。

（2）定期维护保养

定期维护保养的内容和间隔时间可参照表 8-5。

定期维护保养检查表 表 8-5

序号	时间间隔	部位	内容	结果
1	每周一次	钢丝绳	检查钢丝绳的磨损和断丝情况，若磨损严重或有断丝应及时予更换；检查钢丝绳是否脱离绳槽	
		标志	检查警示标志和限制，限制载荷标志是否完整、有效	
		销轴	检查各销轴连接处销是否完好、可靠	
		导靴（导轮）	连接螺栓是否拧紧；导轮是否转动灵活；导靴是否过分磨损	
		制动器	制动器是否能可靠地制动，制动摩擦片磨损是否超标；吊笼在额定载荷下降时，制动距离是否符合要求	
		卷筒轴	检查卷筒轴磨损情况，润滑卷筒轴	
		滑轮、滑轮轴	检查滑轮、滑轮轴润滑情况，润滑轴接触面	

序号	时间间隔	部位	内容	结果
1	每周一次	防断绳保护装置和安全停靠装置	润滑轴接触面，清洗一次	
		钢丝绳	润滑表面	
		电气系统	检查各接线柱及接触器等连接有无松脱	
		减速机	润滑油有无泄漏，检查减速箱油位，必要时加注润滑油	
		对重	对重导向轮转动灵活；导靴无严重磨损	
		围栏安全门	检查有否损伤变形，润滑导靴表面或门轴	
		导轨	润滑接触表面	
2	每月一次	每周检查项目	内容同上	
		架体	所有杆件、标准节接头处螺栓拧紧	
		附墙架	所有附墙架的扣件有效、螺栓拧紧	
		钢丝绳固定	确保钢丝绳绳端固定、安全、可靠	
		吊笼上的导向滚轮	润滑轴承	
		吊笼安全门轴、可滑道	润滑表面	
		限位，限位开关及碰块	检查开关动作是否灵活，各碰块是否移动位置	

序号	时间间隔	部位	内容	结果
3	每年一次	每月检查项目	内容同上	
		导靴（导轮）	检查吊笼导向滚轮的磨损情况以及滚珠轴承可能有的游隙，将导向滚轮和标准节架体立柱之间的间隙调整到适当大小	
		断绳和停层保护器	进行断绳和停层试验，并是否有效及制动是否灵活	
		联轴器橡胶块	检查橡胶块挤压及磨损情况	
		腐蚀损伤和磨损	检查整个设备，对于可能腐蚀、磨损的部件和承重部件采取必要措施	

8.3.3　维护保养的方法

维护保养一般采用"清洁、紧固、调整、润滑和防腐"，通常称为"十字作业法"。具体要求如下：

（1）清洁

清洁就是要求机械各部位保持无油泥、污垢、尘土，要按规定时间检查清洗，减少运动零件的磨损。

（2）紧固

紧固就是要对机体各部的连接件及时检查紧固。机械运转中产生的振动，容易使连接件松动，如不及时紧固，不仅可能产生漏油、漏电等，有些关键部位的螺栓松动，轻者导致零件变形，重者会出现零件断裂、分离，导致操纵失灵而造成机械事故。

（3）调整

调整就是对机械众多零件的相对关系和工作参数如间隙、行程、角度、压力、松紧和速度等及时进行检查调整，以保证机械的正常运行。尤其是对关键机构如制动器、减速机和各类滚轮等的灵活可靠性，要调整适当，防止事故发生。

（4）润滑

润滑就是按照规定要求，选用并定期加注或更换润滑油，以保持机械运动零件间的良好运动，减少零件磨损，保证机械正常运转。润滑是机械保养中极为重要的作业内容。

（5）防腐

防腐就是要做到"三防"，即防潮、防锈、防酸，以防止腐蚀机械零部件和电气设备。尤其是机械外表必须进行补漆或涂上油脂等防腐涂料。

8.3.4 主要部件的维护保养

（1）导靴装置的维护保养导靴装置除了引导吊笼保持轴向运动之外还对吊笼在 x 向和 y 向起控制作用。因此要经常检查其润滑情况，是否滚动（滑动）正常，导靴与导轨架立柱管的间隙是否符合规定值，紧固螺栓有无松动及导靴的磨损程度等。

以某滚轮式导靴物料提升机为例，说明导靴装置的磨损程度测量和间隙调整方法。

1）磨损极限和磨损量的测量

测量方法如图 8-1 所示，滚轮最大磨损量要求见表 8-6。

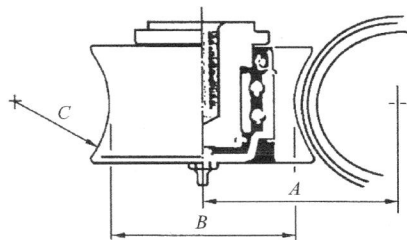

图 8-1 导向滚轮磨损测量示意图

标准节立柱管外径	测量	新滚轮	滚轮最大磨损
$\phi76$	A	74mm	最小 69mm
	B	$\phi75.5$	最小 $\phi73$
	C	R38.5	最小 R38，最大 R42
$\phi89$	A	78mm	最小 73mm
	B	$\phi84$	最小 $\phi81.5$
	C	R45	最小 R44.5，最大 R48.5

2）导向滚轮装置的调整

如图 8-2 所示，为一导向滚轮装置。

①在吊笼空载情况下，转动导向滚轮偏心轴进行调整。

②侧滚轮的调整，一定要成对调整导轨架立柱管两侧的对应导向滚轮。转动滚轮的偏心使侧滚轮与导轨架立柱管之间的间隙为 0.5mm 左右，调整合适后用 200N·m 力矩将其连接螺栓紧固。

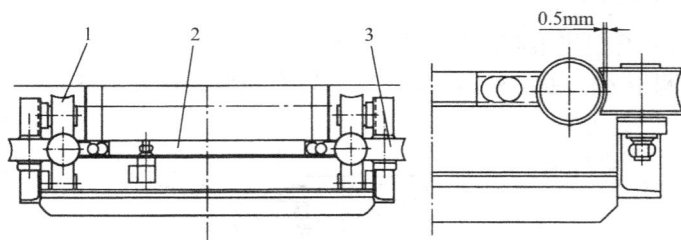

图 8-2　滚轮的调整

1—正压轮；2—导轨架；3—侧滚轮

（2）闸瓦（块式）制动器的维修与保养

块式电磁制动器是卷扬机中最常用制动器，如图 8-3 所示。

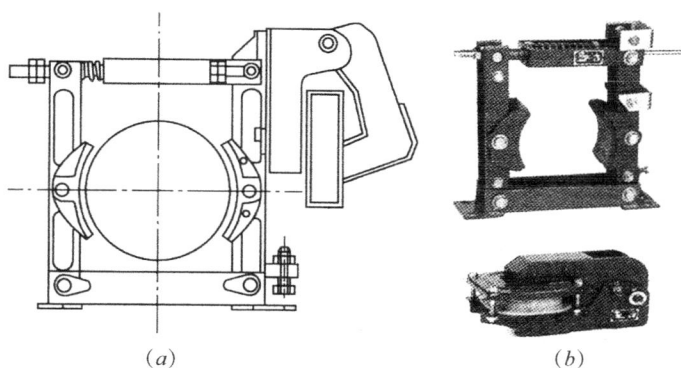

图 8-3　电磁推杆瓦块式制动器

（a）制动器示意图；（b）制动器与衔铁图片

1）闸瓦制动器的维护与保养

①制动时，闸瓦应紧密地贴合在制动轮的工作表面；松闸时，两侧闸瓦与制动轮表面之间间隙应在 0.5～1.0mm 之间，并在整个接触面上、下间隙应均匀，达不到要求时应及时进行调整。

②对制动闸瓦工作表面应经常进行清理，使之保持干燥。

③制动瓦固定铆钉必须沉入沉头座中，不允许露头和制动轮接触，铆钉镶入制动瓦的深度应达到制动衬料厚度 1/2～3/5。

④制动轮与制动衬料的接触面积不能低于 80%。

⑤制动闸瓦磨损过甚而使铆钉露头，或闸瓦磨损量超过原厚度 1/3 时，应及时更换，边缘部分磨损厚度不应超过原厚度 2/3。

⑥对制动器各销轴处用机油进行充分的润滑，加油时如果油溅到闸瓦和制动轮上，应及时擦净。

⑦制动器芯轴磨损量超过标准直径 5% 和椭圆度超过 0.5mm 时应更换芯轴。

⑧杆系弯曲时应校直，有裂纹时应更换，弹簧弹力不足或有裂纹时应更换。

⑨ 各铰链处有卡滞及磨损现象应及时调整和更换，各处紧固螺钉松动时及时紧固。

⑩ 制动臂与制动块的连接松紧度不符合要求时，应及时调整。

2）闸瓦制动器的调整

制动器在使用过程中，应按规定经常进行调整，保证提升机各机构的动作准确和安全。制动器的调整主要包括调整电磁铁冲程、调节主弹簧长度、调整瓦块与制动轮间隙三方面。

① 调整电磁铁冲程，如图8-4所示。先用扳手旋松锁紧的小螺母，然后用扳手夹紧螺母，用另一扳手转动推杆的方头，使推杆前进或后退。前进时顶起衔铁，冲程增大；后退时衔铁下落，冲程减小。

② 调节主弹簧长度，如图8-5所示。先用扳手夹紧推杆的外端方头和旋松螺母的锁紧螺母，然后旋松或夹住调整螺母，转动推杆的方头，因螺母的轴向移动改变了主弹簧的工作长度，随着弹簧的伸长或缩短，制动力矩随之减小或增大，调整完毕后，把右面锁紧螺母旋回锁紧，以防松动。

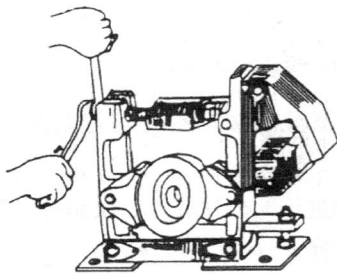

图 8-4　电磁制动器的冲程调节　图 8-5　电磁制动器的制动力矩调节

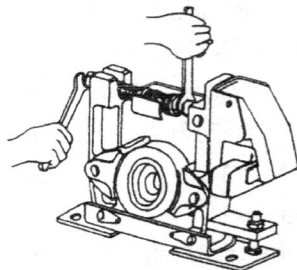

③ 调整瓦块与制动轮间隙，如图8-6所示。把衔铁推压在铁心上，使制动器松开，然后调整背帽螺母，使左右瓦块制动轮间隙相等。

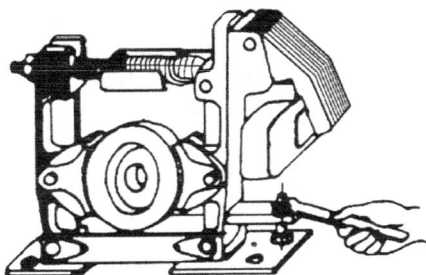

图 8-6　电磁制动器瓦块与制动轮间隙调节

（3）减速机的维护保养

1）箱体内的油量应保持在油针或油镜规定范围，油的规格应符合要求。

2）润滑部位按规定用润滑油脂进行润滑或拧紧油盖。一般一个月应加油一次。

3）应保证箱体内润滑油的清洁，当发现杂质明显时，应换新油。对新使用的减速机，在使用一周后，应清洗减速机并更换新油液。以后每年应清洗和更换新油。

4）轴承的温升不应高于 60℃；箱体内的油液温升不超过 60℃，否则应停机检查原因。

5）当轴承在工作中出现撞击、摩擦等不正常噪声，并通过调整也无法排除时，应考虑更换轴承。

（4）曳引机曳引轮的维护保养

1）应保证曳引轮绳槽的清洁，不允许在绳槽中加油润滑。

2）应使各绳槽的磨损一致。当发现槽间的磨损深度差距最大达到曳引绳直径的 1/10 以上时，要修理车削至深度一致，或更换轮缘，如图 8-7 所示。

3）对于带切口半圆槽，当绳槽磨损至切口深度少于 2mm 时，应重新车削绳槽，但经修理车削后切口下面的轮缘厚度应大于曳引绳直径 d_0，如图 8-8 所示。

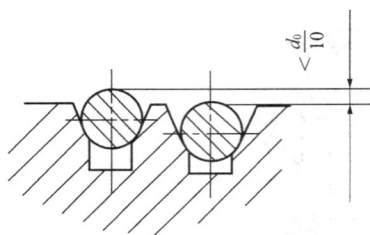

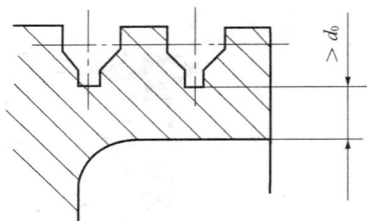

图 8-7 绳槽磨损差 　　　　图 8-8 最小轮缘厚度

（5）电动机的保养

1）应保证电动机各部分的清洁，不应让水或油浸入电动机内部。应经常吹净电动机内部和换向器、电刷等部分的灰尘。

2）对使用滑动轴承的电动机，应注意油槽内的油量是否达到油线，同时应保持油的清洁。

3）当电动机转子轴承磨损过大，出现电动机运转不平稳，噪声增大时，应更换轴承。

4）每季度应检查一次直流测速发电机，如碳刷磨损严重，应予更换，并清除电机内碳屑，在轴承处加注润滑脂。

（6）断绳保护和安全停靠装置的维护保养

对楔块式保护装置来讲，当长时间使用物料提升机后，断绳保护和安全停靠装置的制动块会磨损，当制动块磨损不甚严重时，可不更换制动块，直接在吊笼上用工具调节弹簧的预紧力，使制动状态时制动块制动灵敏，非制动状态时两制动块离开标准节导轨。

当制动块磨损严重时，应当将断绳保护和安全停靠装置从吊笼上拆下，更换制动块，如图 8-9 所示。

1）将钢丝绳楔形接头的销轴拔出，卸防坠连接架 8 的连接螺栓，将断绳保护和安全停靠装置从吊笼托架上取下。

2）将内六角螺钉 7 松开取下，卸下旧制动块更换上新的制动块，然后将更换好制动块的保护器再按装在吊笼托架上。

3）调整制动滑块弹簧 6 的预紧力。通过旋动调节螺钉 5，使制动滑块既不与导轨碰擦卡阻，又要使停层制动和断绳制动灵敏正常。

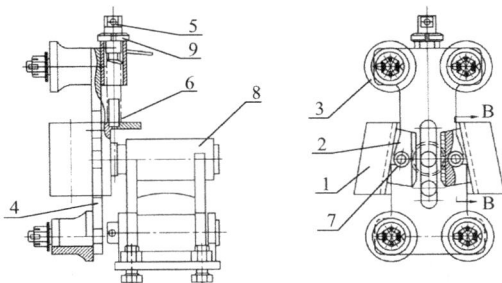

图 8-9　防断绳保护装置示意图

1—托架；2—制动滑块；3—导轮；4—导轮架；5—调节螺钉；6—压缩弹簧；
7—内六角螺钉；8—防坠器连接架；9—圆螺母

4）在制动块的滑槽内加入适量的油脂，起到润滑和防锈作用。

5）清洁制动滑块的齿槽摩擦面。

（7）钢丝绳的维护和保养　钢丝绳是物料提升机的重要部件之一，工作时弯曲次数频繁，由于提升机经常起动、制动及偶然急停等情况，钢丝绳不但要承受静载荷，同时还要承受动载荷。在日常使用中，要加强维护和保养以确保钢丝绳的正常功能，保证使用安全。

钢丝绳的维护保养，应根据钢丝绳的用途、工作环境和种类而定。在可能的情况下，应对钢丝绳进行适时清洗并涂以润滑油或润滑脂，以降低钢丝之间的摩擦损耗，同时保持表面不锈蚀。钢丝绳的润滑应根据生产厂家的要求进行，润滑油或润滑脂应根据生产厂家的说明书选用。钢丝绳内原有油浸麻芯或其他油浸绳芯，使用时油逐渐外渗，一般不须在表面涂油，如果使用日久和使用场合条件较差，有腐蚀气体，温湿度高，则容易引起钢丝绳锈蚀腐烂，必须定时上油。但油质宜薄，用量不可太多，使润滑油在钢丝绳表面能有渗透进绳芯的能力即可。如果润滑过度，将会造成摩擦系数显著下降而产生在滑轮中打滑现象。

润滑前，应将钢丝绳表面上积存的污垢和铁锈清除干净，最好是用镀锌钢丝刷清刷。钢丝绳表面越干净，润滑油脂就越容易

187

渗透到钢丝绳内部去，润滑效果就越好。

钢丝绳润滑的方法有刷涂法和浸涂法。刷涂法就是人工使用专用的刷子，把加热的润滑脂涂刷在钢丝绳的表面上。浸涂法就是将润滑脂加热到60℃，然后使钢丝绳通过一组导辊装置被张紧，同时使之缓慢地在容器里的熔融润滑脂中通过。

8.4 物料提升机常见故障的判断与处置

物料提升机使用中会出现一些异常现象，司机必须首先判别故障原因，对于一些常见的轻微故障可由司机或维护人员直接排除，对于难以直接排除的故障要由专业维修人员进行排除或维修。

8.4.1 常见故障的判断与处置办法

物料提升机常见故障的判断和处置办法可参照表8-7。

常见故障的判断和处置办法　　　　　表8-7

序号	故障现象	故障分析	处置方法
1	总电源合闸即跳	电路内部损伤，短路或相线接地	查明原因，修复线路
2	电压正常，但主交流接触器不吸合	限位开关未复位	限位开关复位
		相序接错	正确接线
		电气元件损坏或线路开路断路	更换电气元件或修复线路
3	操作按钮置于上下运行位置但交流接触器不动作	限位开关未复位	限位开关复位
		操作按钮线路断路	修复操作按钮线路
4	电机启动困难，并有异常响声	卷扬机制动器没调好或线圈损坏制动器没有打开	调整制动器间隙，更换电磁线圈
		严重超载	减少吊笼载荷
		电动机缺相	正确接线

序号	故障现象	故障分析	处置方法
5	上下限位开关不起作用	上、下限位损坏	更换限位
		限位架和限位碰块移位	恢复限位架和限位位置
		交流接触器触点粘连	修复或更换接触器
6	交流接触器释放时有延时现象	交流接触器复位受阻或粘连	修复或更换接触器
7	电路正常,但操作时有时动作正常,有时动作不正常	线路接触不好或虚接	修复线路
		制动器未彻底分离	调整制动器间隙
8	吊笼不能正常上升	供电电压低于380V或供电阻抗过大	暂停作业,恢复供电压至380V
		冬季减速箱润滑油太稠太多	更换润滑油
		制动器未彻底分离	调整制动器间隙
		超载或超高	减少吊笼载荷,下降吊笼
		停靠装置插销伸出挂在架体上	恢复插销位置
	吊笼不能正常下降	断绳保护装置误动作	修复断绳保护装置
		摩擦副损坏	更换摩擦副
9	制动器失效	制动器各运动部件调整不到位	修复或更换制动器
		机构损坏,使运动受阻	修复或更换制动器
		电气线路损坏	修复电气线路
		制动衬料或制动轮磨损严重,制动衬料或制动块连接铆钉露头	更换制动衬料或制动轮

序号	故障现象	故障分析	处置方法
10	制动器制动力不足	制动衬料和制动轮之间有油垢	清理油垢
		制动弹簧过松	更换弹簧
		活动铰链处有卡滞地方或有磨损过甚的零件	更换失效零件
		锁紧螺母松动，引起调整用的横杆松脱	紧固锁紧螺母
		制动衬料与制动轮之间的间隙过大	调整制动衬料与制动轮之间的间隙
11	制动器制动轮温度过高，制动块冒烟	制动轮径向跳动严重超差	修复制动轮与轴的配合
		制动弹簧过紧，电磁松闸器存在故障而不能松闸或松闸不到位	调整松紧螺母
		制动器机件磨损，造成制动衬料与制动轮之间位置错误	更换制动器机件
		铰链卡死	修复
12	制动器制动臂不能张开	制动弹簧过紧，造成制动力矩过大	调整松紧螺母
		电源电压低或电气线路出现故障	恢复供电电压至380V，修复电气线路
		制动块和制动轮之间有污垢而形成粘边现象	清理污垢
		衔铁之间连接定位件损坏或位置变化，造成衔铁运动受阻，推不开制动弹簧	更换连接定位件或调整位置
		电磁铁衔铁芯之间间隙过大，造成吸力不足	调整电磁铁衔铁芯之间间隙
		电磁铁衔铁芯之间间隙过小，造成铁芯吸合行程过小，不能打开制动	调整电磁铁衔铁芯之间间隙
		制动器活动构件有卡滞现象	修复活动构件

序号	故障现象	故障分析	处置方法
13	制动器电磁铁合闸时间迟缓	继电器常开触点有粘连现象	更换触点
		卷扬机制动器没有调好	调整制动器
14	吊笼停靠时有下滑现象	卷扬机制动器摩擦片磨损过大	更换摩擦片
		卷扬机制动器摩擦片、制动轮沾油	清理油垢
15	正常动作时断绳保护装置动作	制动块（钳）压得太紧	调整制动块滑动间隙
16	吊笼运行时有抖动现象	导轨上有杂物	清除杂物
		导向滚轮（导靴）和导轨间隙过大	调整间隙

8.4.2 物料提升机的维修

物料提升机在进行维护保养或出现较为严重的故障由专业人员进行维修时，均应遵循以下规定：

（1）维修保养时，应将所有控制开关扳至零位，切断主电源，并在闸箱处挂"禁止合闸"标志，必要时应设专人监护。严禁带电作业或采用预约停、送电时间方式进行维修。

（2）提升机处于工作状态时，不得进行保养、维修，排除故障应在停机后进行。

（3）更换零部件时，零部件必须与原部件的材质、性能相同，并应符合设计与制造标准；严禁擅自改变尺寸和结构。

（4）维修主要结构所用焊条及焊缝质量，均应符合原设计要求。

（5）维修提升机架体顶部时，应搭设上人平台，并符合现行行业标准《建筑施工高处作业安全技术规范》JGJ 80—2016 的有关规定。

（6）维修后的物料提升机，应进行试运转，确认一切正常后方可投入使用。

9 物料提升机常见事故隐患与案例

9.1 物料提升机常见事故隐患及预防措施

物料提升机虽然是一种简易的垂直运输设备，但是在设计、制作、安装、拆卸、使用和管理过程中仍然存在事故隐患，应采取相应预防措施，确保物料提升机安全、有效、正常运行。

9.1.1 设计、制作中常见的事故隐患

（1）物料提升机自行和随意制作架体结构未经设计，强度、刚度和稳定性达不到安全要求。

（2）物料提升机承重构件的截面尺寸未经计算，并小于规范的尺寸数据。

（3）吊笼不能满足强度设计要求，未采用滚动导靴。

（4）标准节采用螺栓连接时，螺栓直径不小于 12mm。

（5）物料提升机自由端高度、附墙架间距均大于 6m。

9.1.2 安装、拆卸中常见的事故隐患

（1）基础不符合要求，如土层承载力、混凝土强度、厚度、表面平整度、排水设施等。

（2）基座预埋件设置不正确，影响了架体的垂直度和连接强度。

（3）导轨架安装超过设计最大独立高度或 ≥ 30m 时，未安装附墙架，使用的是缆风绳。

（4）架体与附墙架未采用刚性连接，直接与脚手架连接。

（5）缆风绳设置的数量、高度、角度、连接处等不符合要求，端部固定不规范，未设有防止缆风绳滑脱的装置。

（6）安装或拆除时，不按规定顺序进行，未设置警戒区，无专人监护。

（7）卷扬机（曳引机）安装时，卷筒的轴线与导轨架出现垂直偏差，地脚螺丝与基础固定不牢固。

（8）卷筒和滑轮的防钢丝绳脱槽装置未设置或不符合要求。

（9）提升钢丝绳拖地或浸泡在水中，未采取保护措施，当钢丝直径≤19mm时，绳夹数量不应小于3个。

（10）底部导向滑轮采用了拉板式开口滑轮，影响根部连接强度。

（11）提升机总电源未按规定设置短路保护及漏电保护装置。

（12）提升机的金属结构及电气设备的金属外壳接地不规范，或未接地。

（13）井字架没有安装防雷装置。

（14）设置的安全装置不符合要求，如上极限限位的越程小于3m，安全停靠装置和防坠安全装置未进行调试，安装后失灵。

（15）起重量限制器、防坠安全器，不灵敏可靠，或未安装。

（16）摇臂把杆安装不规范，如未设置保险绳和超高限位等。

（17）停层平台及平台门不按规范设置或未安装，如平台门的高度≤1.8m。

（18）在电气控制箱（盒）内，未按规定设置急停开关，当出现意外时，无法及时切断电源。

（19）内置式井架架体与层楼通道接口处，开口后加固不牢固，影响了架体的整体稳定。

（20）地面卷扬机、进料口上方防护棚搭设不规范，或未搭设防护棚。

（21）未按规定设置限载标志、安全警示标牌。

（22）拆除作业中，从高处向下抛掷物件。

（23）提升机安装完毕后，未经验收或验收不合格投入使用。

9.1.3　使用和管理中常见的事故隐患

（1）司机未经专门培训，无证上岗操作，不坚持交接班和班前检查。

（2）司机缺乏对设备的保养和维护。

（3）司机违反操作规程，或由无资格的人员操作。

（4）闲杂人员违规进入底层防护栏内和进入吊笼下方。

（5）吊笼违规载人运行。

（6）吊笼装载超载、超高、超长的材料。

（7）附墙架（缆风绳）、连接螺栓出现松动，未及时处理。

（8）摇臂把杆使用不当。

（9）联轴器的弹性圈磨损严重，不及时更换。

（10）钢丝绳达到报废标准未更换。

（11）吊笼安全门缺损或不可靠，底板破损。

（12）提升卷扬机的制动块磨损严重，钢丝绳缠绕混乱。

（13）断绳保护装置和导轨清洁不及时，油污积聚导致防坠安全装置失灵。

（14）通信装置失灵或不正确使用，导致司机和各楼层联系不畅。

（15）停层平台安全门处于开启状态。

9.1.4　常见事故隐患的预防措施

物料提升机常见事故隐患的类型、事故原因及其预防措施见表 9-1。

常见事故隐患的预防措施 表 9-1

序号	事故类型	事故原因	预防措施
1	物料提升机发生坍塌事故	企业自行制作提升机没有进行设计和计算，未对提升机进行检测和验收	必须编制专项方案，并进行设计和验算，加强缆风绳、导轨架、地锚的检查，严禁载人，严禁超载、超高、超长使用和运行
		基础、基座不牢固	
		缆风绳或导轨架设置不符合安全要求，或锚固不牢固	
2	物料提升机安装时，安拆人员发生坠落	安拆人员违章操作，未拴挂安全带	安拆时，不违章作业，应严格执行《建筑施工安全检查标准》，检查中发现问题及时制止
3	吊笼发生坠落事故，造成人员伤亡	安全装置（防冲顶装置）失灵或未安装，或制动装置失灵	禁止吊笼装载施工作业人员；对安全装置失灵的进行更换；钢丝绳有缺陷，达到报废标准立即整改和更换；对违章操作，违规超载的人员进行制止和处理
		吊笼载人，或超载使用	
		物料提升机运行时，操作人员违章操作，或非操作人员违规操作	
		钢丝绳发生断裂，或绳夹脱落	
4	钢丝绳断裂导致事故发生	钢丝绳的断丝数超过标准规定数、钢丝绳锈蚀或表面磨损达到40%	检查钢丝绳有无曲折、环圈、断丝、变形、砸扁等缺陷，严格按钢丝绳的报废标准执行，并更换钢丝绳
		钢丝绳有磨损、曲折、砸扁、断丝、变形、锈蚀量等未报废仍然使用	
		钢丝绳使用中拖地、污染、无过路保护等	
		钢丝绳超负荷使用，或使用单根钢丝绳等	

序号	事故类型	事故原因	预防措施
5	楼层卸料口处发生坠落	楼层上未搭设卸料通道，通道两侧未设置防护栏杆及挡脚板	按规范要求应设置定型化、工具化的常闭防护门，安全门≥1.8m，设置防护栏杆；检查作业人员有无违章操作、违章作业的行为进行制止和处理
		卸料口安全门未处于关闭状态，或未安装安全门	
		作业人员违章操作	
6	物料提升机架体晃动	缆风绳设置的根数和连接不符合规范，或高度30m以上仍使用缆风绳	缆风绳、附墙架、地锚的设置按规范执行，加强巡视检查，发现问题及时处理
		附墙架安装不规范，安装间距过大、不牢固	
		地锚的埋设、固定等不符合规范要求	
7	地面人员受到物料提升机坠落物伤害	提升机架体四周立面防护不到位	明确作业警戒区；立面防护可加一层安全网或竹胶板；地面防护搭设防护棚材质可采用5cm厚木板，以承受对落物的防御能力和强度
		地面进料口处、露天作业场所未搭设安全防护棚	
		施工人员违章作业	
8	井字架在升降运行时物料从吊笼中滚落	吊笼未安装安全门，或拆除吊笼安全门未恢复，或安全门处于开启状态	采用联锁装置，对安全门存在的问题及时处理
9	架体发生雷击	没有安装防雷装置	按临时用电规范，井字架在防雷装置的保护范围以外的，应安装防雷装置
10	吊笼装卸材料时，无法停靠	未设置停靠装置	按规定设置停靠装置，检查中发现问题，应及时纠正或恢复
		操作人员故意拆除该装置	

序号	事故类型	事故原因	预防措施
11	钢丝绳滑落事故	钢丝绳不牢固，出现松动	严格按规范要求设置绳夹，钢丝绳夹固定后，进行检查和验收
		未按钢丝绳直径大小设置绳夹数量	
		U形卡环设置的位置不符合规范要求。	
12	钢丝绳脱离卷扬机	卷筒上无防止钢丝绳滑脱的防护装置	卷筒上安装防止钢丝绳滑脱的防护装置，检查钢丝绳设置、固定等，以达到安全使用要求
		钢丝绳或防护装置设置不合理、不可靠	
		末端未固定或固定不符合要求，致使钢丝绳脱落	

9.2 物料提升机事故案例分析

物料提升机在安装、拆卸、使用、管理，以及作业人员在操作过程中，因违章指挥、违章操作、违反劳动纪律导致安全事故发生是难免的，因此，必须加强对作业人员的安全教育和培训，增强人员自我保护意识，更好地提高安全管理水平。下面通过多个事故案件进行剖析，从中吸取教训，引以为戒，避免类似事故的发生。

9.2.1 物料提升机吊笼滚轮出轨坠落事故

（1）事故过程

某住宅楼工程，瓦工组24人在该楼顶砌筑女儿墙。物料提升机操作工将一吊笼模板提升至屋顶，在屋顶施工的工人将吊笼内模板搬到顶层屋面后，又将两部空手推车推进吊笼内。吊笼下行前，正逢屋顶作业工人准备下楼到食堂就餐，有8名工人为图方便乘坐吊笼下去。物料提升机司机发现这一严重违章行为，未予以阻止，而是开动了物料提升机继续下行。因两部手推车占据了一定空间，8名工人集中站于吊笼另一侧，吊笼行至6层楼面（高度14.6m）时，在不平衡力矩作用下，吊笼滚轮出轨，瞬间吊笼出现倾斜，8名工作全部从吊笼内坠落。其中2人直接坠落地面，5人先碰到脚手架后坠至地面，1人掉进安全网（未负伤）。在场人员将7名伤者送往医院抢救，其中2人经抢救无效死亡。

（2）事故原因分析

1）工人违反《龙门架及井架物料提升机安全技术规范》JGJ 88—2010"物料提升机严禁载人"的规定，搭乘吊笼，物料提升机司机未予制止，违章操作，且人员集中站在吊笼一侧，吊笼滚轮出轨是造成这次事故发生的主要原因。

2）该工程物料提升机安装完毕后，施工单位未组织对安全装置、架体结构、导轨架、钢丝绳等进行全面的验收，违反《龙门架及井架物料提升机安全技术规范》JGJ 88—2010"物料提升机安装完毕后，应由工程负责人组织安装单位、使用单位、租赁单位和监理单位等对物料提升机安装质量进行验收"的规定。

3）施工现场管理较乱，特别是机械设备维护保养问题较多，钢丝绳断丝严重，部分打折，断绳装置失灵。

4）施工单位未对职工进行安全教育和安全技术交底，以致施工作业人员缺少相应安全基本知识，缺乏安全自我保护意识，出现违章作业，冒险作业的现象。

（3）事故预防措施

1）加强对物料提升机司机进行专项技术的培训，重点是正确的操作技能和处理可能出现的突发情况，如何应对和处理的方法。

2）物料提升机安装前，地面设置警戒区，安装人员穿戴安全防护用品，在安装过程中应严格按照安装方案组织施工，检查存在问题和纠正工作偏差，确保安装牢固，组件齐全完好，安全运行可靠。

3）物料提升机安装完毕后，要组织相关单位和人员进行验收，经验收合格后投入使用。

4）物料提升机使用中，严禁载人、严禁超载运行、严禁违章操作。

9.2.2 操作人员违章搭设导致井架整体垮塌事故

（1）事故过程

某工程项目垂直运输设备采用井架提升机，项目部经理安排架子工自行搭设 2 号楼井架，架子工搭设在既没有施工方案，也未向作业人员进行技术交底，架子工又无特种作业资格证的情况下，便开始施工作业。事发当天因天气变化，风力大，温度下降，架子工提出风大，天气又冷不好干活的要求，但项目经理坚持一定要搭设完成。井架搭设高度为 22.5m 时，仅在 18m 处对角拴了一道缆风绳（直径为 6.5mm 钢丝绳），当井架继续搭设高度达到 27m 时，缆风绳突然发生断裂，导致井架整体垮塌，造成井架上作业的 3 人死亡，地面作业的 1 人死亡，共造成 4 人死亡。

（2）事故原因分析

1）未编制物料提升架专项施工方案

按照《龙门架及井架物料提升机安全技术规范》JGJ 88—2010 的规定（以下简称《规范》），"物料提升机安装、拆除前，应根据工程实际情况编制专项安装、拆除方案"。以及"物料提升机的结构设计，应满足制作、运输、安装、使用等各种强度、刚度和稳定性的要求"。该项目经理未按规范要求执行，对架体承载力没有进行计算，也无加固的措施，强制作业人员搭设井架物料提升机，是造成井架整体垮塌事故的主要原因。

2）缆风绳设置不符合《规范》要求

《规范》规定"每一组四根缆风绳与导轨架的连接点应在同一水平高度，且应对称设置；缆风绳与导轨架的连接处应采取防止钢丝绳受剪破坏的措施；缆风绳与水平面夹角宜在 45°～60°之间，并应采用与缆风绳等强度的花篮螺栓与地锚连接。"

该井架只在一对角设置 2 根缆风绳，当井架高度达到 27m，过大的悬臂，未采用附墙架刚性固定，而是用缆风绳弹性连接，造成悬臂处弯矩加大，破坏了井架的整体稳定性。而且井架安装未与基础预埋钢筋连接，底部不能抵抗倾覆力矩，当大风刮来时，井架便失稳垮塌。

3）工程管理混乱

① 项目经理无建造师资格证书，架子作业人员无特种人员证书，架子搭设无专项施工方案。作业前，也未向作业人员进行安全技术交底，讲明安装程序和应采取的稳定措施，以及安全注意事项。

② 井架未按规定进行验收，致使井架设计出现缆风绳连接、固定不符合规范要求，缆风绳过细采用直径为 6.5mm 钢丝绳等，使架子不稳固。

③ 项目经理安全意识淡薄，一味追求施工进度，而忽视安全技术措施，风力已达 7 级，仍违章指挥强令进行高处作业，这种管理混乱、冒险蛮干是引发事故的必然。

④ 建设单位、监理单位对现场监督管理失控，架子工违章作业及井架存在严重事故隐患等问题，都未得到制止和纠正，使违章现象任意发展，最终导致事故发生。

（3）事故预防措施

1）井架物料提升机的设计、制作必须按照《规范》执行，符合《规范》要求，切实杜绝结构无设计依据，验收无检测手段，制作无工艺要求的粗制滥造，以杜绝类似安全事故的发生。

2）项目经理必须由具有相应资格的人员担任，施工单位应按照《建设工程项目管理规范》不具备职业资格的不得担任项目经理，应持有建造师证书和安全生产考核合格证。

3）项目技术人员在物料提升机搭设时，必须对缆风绳、架体连接、地锚固定等搭设的技术要求进行指导。在搭设中，项目安全员按照搭设的安拆方案进行检查和监督，确保架子搭设安全。

4）架子工必须持有特种作业人员证书，对架子工必须进行专项的教育和培训，搭设井架前组织安全技术交底，使架子工知晓搭设的安全技术要领，具备相应的安全知识。

5）建设单位要加强对施工单位的安全管理和检查，监理单位督促编制物料提升机专项施工方案，严格对方案进行审查，并到现场检查、监督实施。

9.2.3　物料提升机钢丝绳脱落吊笼坠落事故

（1）事故过程

某建筑工程施工人员使用物料提升机运送水泥砂浆，吊笼内乘坐 6 名施工人员，从地面运送至 12 层楼作业面，当吊笼运行至距地面约 30m 时，牵引钢丝绳突然脱落，吊笼坠落至地面，造成 3 人死亡、3 人重伤，直接经济损失 270 万元。

（2）事故原因分析

1）钢丝绳固定不符合规定要求。牵引钢丝绳末端的压紧固定装置，未按规定加装防松弹簧垫圈，同时未按要求安装钢丝绳夹，吊笼在运行中正常的振动，使未加防松弹簧垫圈的压紧螺栓松动，压紧力不足，牵引钢丝绳脱落，是导致吊笼坠落的主要原因。

2）由不懂专业技能的人员安装物料提升机。施工单位在安装物料提升机作业中，违反国家有关规定，直接由工长组织不具备相应操作证、不懂专业技能的安拆人员自行安装物料提升机，使钢丝绳、附墙架、地锚等设置不符合规范要求。

3）物料提升机违章载人，对违章行为项目管理人员、司机等无人制止，并超载吊运，为事故的发生埋下了重大事故隐患。

4）未编制专项施工方案

安装单位未按照规范编制专项安装（拆除）方案，监理、施工单位未对安装人员的资格进行审查，致使不具备专业技能的人员违规安装。

（3）事故预防措施

1）施工单位应加强对建筑法律法规的学习，按照《龙门架及井架物料提升机安全技术规范》JGJ 88—2010 的规定编制物料提升机专项施工安拆方案，经施工单位技术负责人和项目总监批准后实施，并检查和督促方案的执行情况。

2）加强对物料提升机安拆单位和安拆人员的资格审查，施工单位不得分包不具备资格和条件的单位。

3）按照规定和要求，加强对施工人员的安全教育和培训，特种作业人员必须持证上岗，物料提升机禁止载人。

4）施工单位按照《龙门架及井架物料提升机安全技术规范》JGJ 88—2010 的规定执行，随时检查钢丝绳、附墙架（缆风绳）、架体、地锚有无问题，及时消除事故隐患。

9.2.4 违规拆除缆风绳导致特大井架垮塌事故

（1）事故经过

某建筑工地，在完成结构封顶后，施工负责人为图作业方便，两天前已拆除了井架同方向顶部的两根缆风绳，在未加固和恢复的情况下，仍安排人员违章作业，事发时 30 多名工人都集中在井架的一侧施工，致使架体重心偏移、失稳，从而导致井架垮塌事故发生，这起重大安全责任事故造成 21 人死亡，10 人受伤。

（2）事故原因分析

1）违章作业。施工负责人安排施工人员违章作业，拆除井架北侧顶部两根缆风绳，使井架失去稳定性，同时所有工人都集中在井架的一侧施工，导致架体重心偏移，受力不稳，这是发生事故的主要原因。

2）工程违法分包。施工单位对滑模作业队不具备施工资质、从业人员无资格作业均未进行审查，直接违法分包给该作业队，作业队几乎所有的工人都没有从事高空作业，没有相应的工作经验，违章作业现象频发。

3）自制井架不符合规范。施工单位没有编制专项安拆方案，无设计和计算。井架安装后，未对井架的安全性能进行检查和验收，即投入使用。

4）安全疏于管理。施工单位、监理单位对滑模作业队的安全管理失控，也未配备专职安全员对现场安全检查和监督，更没有对工人进行安全教育和安全技术交底。

（3）事故预防措施

1）施工单位要认真对分包单位的资格审查，严格工程项目的安全准入，从源头上遏制事故的发生。

2）物料提升机自行设计、制作必须符合规范要求，并编制物料提升机专项安拆方案，按安拆方案组织施工，安装完毕，必须经验收合格后，才能投入使用。

3）按照规定配备专职安全员，切实履行检查监督的职能，确保安全生产。

4）加强对施工人员安全教育和培训，组织作业前的安全技术交底，特种作业人员经专项安全技术培训，考核合格后持证上岗。

5）建设单位、监理单位按照各自的安全职责，认真审查安拆专项方案，加大对施工现场的检查和管控力度，杜绝类似安全事故的发生。

9.2.5 使用不合格吊笼坠落事故

（1）事故经过

某综合楼工程，建设单位未经报监，无施工许可证，以合作开发名义，将工程以包工包料方式发包给无施工资质的某建筑公司。该工程楼板为预应力空心预制板，采用物料提升机垂直运输，然后由人力抬运到安装位置。事发时，该工程安装完4层楼板，当准备安装第5层楼板时，8人在自升吊笼内抬板，此时，突然吊笼从6层高度坠落，造成4人死亡，3人重伤，1人轻伤的较大安全事故。

（2）事故原因分析

1）使用不合格物料提升机。物料提升机结构设计和荷载计算应符合《起重机械设计规范》GB/T 3811—2008，达到安全条件后才能够使用。该物料提升机无生产厂家、无计算书，也没有符合要求的安全装置，物料提升机安装完毕后，未组织验收，属于不合格的物料提升机，也是导致事故发生的直接原因。

2）违反《规范》要求。施工单位未执行《龙门架及井字架物料提升机安全技术规范》JGJ 88—2010 之规定："物料提升机严禁载人"，"当物料提升机安装高度大于或等于 30m 时，不得使用缆风绳"。

3）绳夹固定不符合要求。提升吊笼的钢丝绳绳夹按照《重要用途钢丝绳》GB 8918—2006 之规定，没有达到规定的钢丝绳数量，绳夹只有 2 个，致使钢丝绳受力后从固定端脱落，造成吊笼坠落。

4）未安装停靠装置。物料提升机采用中间为立柱，两侧跨 2 个吊笼的不合理设计，施工单位无法安装停靠装置，从而违反了规范要求。

5）安全管理混乱。施工单位不具备相应资质，作业人员入场未进行安全教育和培训，作业前没有组织对作业人员进行安全技术交底，提升机司机无特种作业人员证书，以致施工现场作业人员忽视安全，违章操作，冒险作业的现象严重。

（3）事故预防措施

1）加强对施工资质的审查，严禁挂靠和违法分包转包。

2）加强对物料提升机设备的管理，机物料提升结构设计和负荷计算应严格执行规范和标准。提升机安装完毕后，必须经检测、验收，达到合格后才能投入使用和运行。

3）物料提升机严禁载人、严禁超载，加强对违章指导，违章作业的检查。

4）认真组织对施工作业人员安全教育和安全技术交底，提高作业人员自我保护意识，减少各类事故的发生。

9.2.6 物料提升机卷扬机制动失灵坠落事故

（1）事故经过

某工程项目施工作业完成，工长安排工人乘坐物料提升机，便通知在地面操作的卷扬机（矿用）司机将吊笼停留在作业面上，司机按其操作习惯将制动器的操作手柄拉到第六齿档位后，司机便离开卷扬机找人。当工人陆续进入吊笼内达到 9 人时，超过了卷扬机制动器在该挡位的临界制动力，导致制动失灵吊笼失控发生坠落，造成 5 人死亡，2 人受重伤的较大事故。

（2）事故原因分析

1）因卷扬机司机将手动制动器放置的挡位不正确，以致 9 名施工人员陆续进入吊笼增加了荷载，制动器开始打滑，制动器失灵，是造成事故的直接原因。

2）工长违章指挥，严重违反了《龙门架及井架物料提升机安全技术规范》JGJ 88—2010"严禁乘载人"的规定。

3）矿用卷扬机不能用于建筑工程，矿用卷扬机依靠电动机提升或下降料斗，当提升机发生坠落时，也不能使卷筒停转与料斗制动，仍然会导致事故发生。

4）卷扬机司机离岗前未对卷扬机及其制动器的安全状况进行检查确认，使卷扬机失去控制。

（3）事故预防措施

1）严格执行规范和标准，物料提升机严禁载人，严禁超载。

2）建筑工程中不得使用矿用手动制动卷扬机，矿用手制动卷扬机通过司机手工制动，容易发生误操作，安全隐患较多，稍有不慎即会发生事故。

3）物料提升机必须按规范配备防坠落安全锁、制动器等安全保护装置。

4）施工单位组织对施工人员专门的安全教育培训与安全技术交底。

5）加强施工现场的安全检查，发现事故隐患督促整改，杜绝各类事故的发生。

附录A 建筑起重机械司机（物料提升机）安全技术考核大纲（试行）

1 安全技术理论

1.1 安全生产基本知识

1 了解建筑安全生产法律法规和规章制度

2 熟悉有关特种作业人员的管理制度

3 掌握从业人员的权利义务和法律责任

4 熟悉高处作业安全知识

5 掌握安全防护用品的使用

6 熟悉安全标志、安全色的基本知识

7 了解施工现场消防知识

8 了解现场急救知识

9 熟悉施工现场安全用电基本知识

1.2 专业基础知识

1 了解力学基本知识

2 了解电工基本知识

3 熟悉机械基础知识

1.3 专业技术理论

1 了解物料提升机的分类、性能

2 熟悉物料提升机的基本技术参数

3 了解力学的基本知识、架体的受力分析

4 了解钢桁架结构基本知识

5 熟悉物料提升机技术标准及安全操作规程

6 熟悉物料提升机基本结构及工作原理

7 熟悉物料提升机安全装置的调试方法

8 熟悉物料提升机维护保养常识

9 了解物料提升机常见事故原因及处置方法

2 安全操作技能

2.1 掌握物料提升机的操作技能

2.2 掌握主要零部件的性能及可靠性的判定

2.3 掌握常见故障的识别、判断

2.4 掌握紧急情况处置方法

附录B 建筑起重机械司机(物料提升机)安全操作技能考核标准(试行)

1 物料提升机的操作

1.1 考核设备和器具

1 设备:物料提升机1台,安装高度在10m以上、25m以下;

2 砝码:在吊笼内均匀放置砝码200kg;

3 其他器具:哨笛1个,计时器1个。

1.2 考核方法

根据指挥信号操作,每次提升或下降均需连续完成,中途不停。

1 将吊笼从地面提升至第一停层接料平台处,停止;

2 从任意一层接料平台处提升至最高停层接料平台处,停止;

3 从最高停层接料平台处下降至第一停层接料平台处,停止;

4 从第一停层接料平台处下降至地面。

1.3 考核时间: 15min。

1.4 考核评分标准

满分60分。考核评分标准见附表B-1。

序号	扣 分 项 目	扣分值
1	启动前，未确认控制开关在零位的	5 分
2	启动前，未发出音响信号示意的	5 分 / 次
3	运行到最上层或最下层时，触动上、下限位开关的	5 分 / 次
4	未连续运行，有停顿的	5 分 / 次
5	到规定停层未停止的	5 分 / 次
6	停层超过规定距离 ±100mm 的	10 分 / 次
7	停层超过规定距离 ±50mm，但不超过 ±100mm 的	5 分 / 次
8	作业后，未将吊笼降到底层的、未将各控制开关拨到零位的、未切断电源的	5 分 / 项

2 故障识别判断

2.1 考核设备和器具

1 设置安全装置失灵等故障的物料提升机或图示、影像资料；

2 其他器具：计时器 1 个。

2.2 考核方法

由考生识别判断物料提升机或图示、影像资料设置的安全装置失灵等故障（对每个考生只设置二种）。

2.3 考核时间: **10min**。

2.4 考核评分标准

满分 10 分。在规定时间内正确识别判断的，每项得 5 分。

3 零部件判废

3.1 考核设备和器具

1 物料提升机零部件 (钢丝绳、滑轮、联轴节或制动器) 实物或图示、影像资料（包括达到报废标准和有缺陷的）；

2 其他器具：计时器 1 个。

3.2 考核方法

从零部件的实物或图示、影像资料中随机抽取 2 件（张），判断其是否达到报废标准（缺陷）并说明原因。

3.3 考核时间: 10min。

3.4 考核评分标准

满分 20 分。在规定时间内能正确判断并说明原因的，每项得 10 分；判断正确但不能准确说明原因的，每项得 5 分。

4 紧急情况处置

4.1 考核设备和器具

1 设置电动机制动失灵、突然断电、钢丝绳意外卡住等紧急情况或图示、影像资料；

2 其他器具：计时器 1 个。

4.2 考核方法

由考生对电动机制动失灵、突然断电、钢丝绳意外卡住等紧急情况或图示、影像资料中所示的紧急情况进行描述，并口述处置方法。对每个考生设置一种。

5. 缺陷：局部压扁。处理：立即报废。

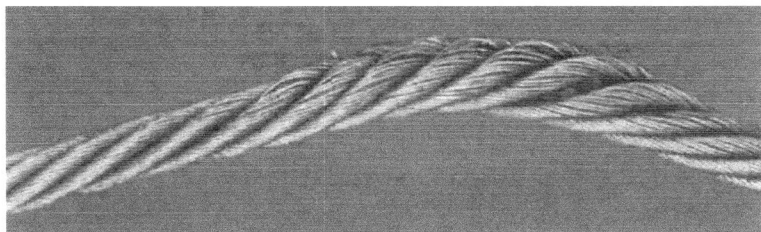

6. 缺陷：纽结（正向）。处理：立即报废。

7. 缺陷：纽结（逆向）。处理：立即报废。

8. 缺陷：笼状畸变。处理：立即报废。

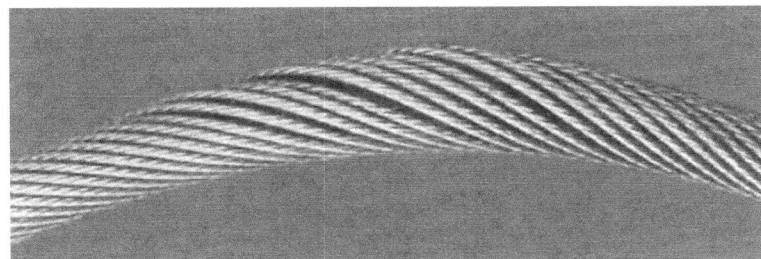

9.缺陷：外部磨损。 处理：润滑、观察。

10.缺陷：绳股凹陷。处理：立即报废。

11.缺陷：表面断丝。处理：一捻距内 2 处断丝或 10％断丝报废。

12.缺陷：内部绳股突出。处理：立即报废。

13. 缺陷：局部直径变大。处理：增大 5%，立即报废。

14. 缺陷：局部压扁。处理：立即报废。

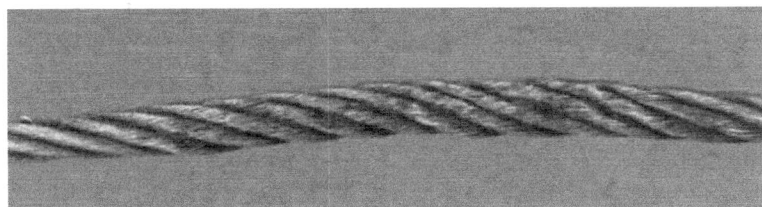

参考文献

[1]《建筑施工特种作业人员管理规定》（建质［2008］75 号）

[2]《关于建筑施工特种作业人员考核工作的实施意见》（建工质［2008］41 号）

[3]《起重机用钢丝绳检验和报废使用规范》（GB/T 5972—2006）

[4]《重要用途钢丝绳》（GB 8918—2006）

[5]《起重机　钢丝绳　保养、维护、检验和报废》（GB/T 5972—2016）

[6]《紧固件机械性能　螺栓、螺钉和螺柱》（GB/T 3098.1—2010）

[7]《紧固件机械性能　螺母》（GB/T 3098.2—2015）

[8]《钢丝绳术语　标记和分类》（GB/T 8076—2017）

[9]《起重机用钢丝绳检验和报废使用规范》（GB/T 5972—2016)

[10]《龙门架及井架物料提升机安全技术规范》(JGJ 88—2010)

[11]《施工现场临时用电安全技术规范》（JGJ 46—2005）

[12]《建筑施工高处作业安全技术规范》（JGJ 80—2016）

[13] 住房和城乡建设部工程质量安全监管司《物料提升机司机》北京：中国建筑工业出版社，2009

[14] 住房和城乡建设部工程质量安全监管司《物料提升机安装拆卸工》北京：中国建筑出版社，2009

[15] 叶琦《建筑起重机机械司机（物料提升机）》.北京：中国劳动社会保障出版社，2011

[16] 施立生《建筑物料提升机技术与管理》. 合肥：安徽科技出版，2008

[17] 华玉洁《起重机械与吊装》. 北京：化学工业出版社，2010